Franke

So entscheidet das BAG zur betrieblichen Altersversorgung

– Klarheit von Fall zu Fall –

So entscheidet das BAG zur betrieblichen Altersversorgung

– Klarheit von Fall zu Fall –

Torsten Hans-Jürgen Franke

Gerichtlich zugelassener Rentenberater für betriebliche Altersversorgung gem. § 10 Abs. 1 Nr. 2 RDG, am AG München 371 E – M 1653
Geprüfter Sachverständiger für Entgeltabrechnung und betriebliche Altersversorgung (BDSF)

8. Auflage 2026

rehm

Bei der Herstellung des Buches haben wir uns zukunftsbewusst für umweltverträgliche und wiederverwertbare Materialien entschieden.
Der Inhalt ist auf elementar chlorfreiem Papier gedruckt.

Hersteller:
Verlagsgruppe Hüthig Jehle Rehm GmbH
Im Weiher 10, 69121 Heidelberg

Kontakt und Informationen zum Thema Produktischerheitsverordnung:
kundenservice@rehm-verlag.de
Telefon: 0800 2183 333
https://www.rehm-verlag.de/produktsicherheitsverordnung

ISBN 978-3-8073-2939-0 (ISBN des Hauptwerks)
8. Auflage

Satz: TypoScript GmbH, München
Druck: Westermann Druck Zwickau GmbH, Crimmitzschauer Str. 43, 08058 Zwickau

Vorwort

Seit Erscheinen der 7. Auflage im Jahr 2025 ist das Recht der betrieblichen Altersversorgung durch Entscheidungen des dritten Senats des Bundesarbeitsgerichtes präzisiert und weiterentwickelt worden. Es wurde in den letzten zwölf Monaten für weitere Fragen der betrieblichen Praxis bestehende Rechtsgrundlagen präzisiert, was insbesondere für die Bestimmung von betrieblichen Ansprüchen auf Altersversorgung von erheblicher Bedeutung ist.

Behandelt wurden unter anderem Fragen wie, der Anspruch auf Arbeitgeberzuschuss i. S. d. § 1a Abs. 1a BetrAVG i. V. m. § 19 BetrAVG, der Erfüllung von Wartezeit und Erziehungsurlaub sowie der Mindestehedauer zum Anspruch auf Hinterbliebenenversorgung oder auch zur Anrechnung einer fiktiven Erwerbsminderungsrente, über die Übernahme betriebsrentenrechtlicher Zusagen und Insolvenz, bis hin zu Ansprüchen des PSV und Verjährung dieser.

Die neue Auflage greift diese und weitere Fragestellungen auf. Ziel ist es, die Rechtsprechung des Bundesarbeitsgerichts umfassend und präzise zu dokumentieren, indem die veröffentlichten Urteilstenore, Tatbestände, Leitsätze sowie Entscheidungsgründe des Gerichts vollständig zitiert und als Quelle aufgeführt werden. Dies gewährleistet eine verlässliche Orientierung in der betrieblichen Praxis.

Urheberrechtshinweis

Alle nachfolgenden Ausführungen der vom Bundesarbeitsgericht veröffentlichten Entscheidungen zur betrieblichen Altersversorgung, erfolgen in den jeweiligen Kapiteln und der dazu genannten Aktenzeichen des Bundesarbeitsgerichts, ausschließlich auf Basis sowie in Zitation und Quelle der gerichtlichen Leitsätze sowie der jeweiligen veröffentlichten Entscheidungsgründen aus den gerichtlichen vorgenommenen schriftlichen Abhandlungen zu den Entscheidungen des Bundesarbeitsgerichts. Der Autor nimmt keine eigenen Interpretationen bzw. Auslegungen zu den gerichtlichen Entscheidungen vor. Alle Ausführungen sind ausschließlich Zitierungen aus den jeweiligen Aktenzeichen des 3. Senats und Entscheidungsgründen des Bundesarbeitsgerichts.

München, im November 2025 — Torsten Hans-Jürgen Franke

Inhaltsverzeichnis

1. Anspruch auf betriebliche Altersversorgung und dessen Entstehung

1.1 Arbeitgeberzuschuss – Entgeltumwandlung – Erfüllung

BAG Entscheidung vom 23. November 2024 – 3 AZR 158/24

Dem dritten Senat zur Entscheidung vorgelegt:

Der dritte Senat des Bundesarbeitsgerichts hatte im vorliegenden Fall über die Frage zu entscheiden, ob der Klägerin über die von der Beklagten in eine Direktversicherung geleisteten Beiträge hinaus ein Anspruch auf einen zusätzlichen Arbeitgeberzuschuss zur Entgeltumwandlung nach § 1a Abs. 1a BetrAVG zusteht. Dabei stand insbesondere im Mittelpunkt, ob der monatliche Beitrag von 40,00 € – vor dem Hintergrund des gekündigten Haustarifvertrags und der Betriebsvereinbarung „Option" – als Erfüllung dieses gesetzlichen Zuschussanspruchs zu qualifizieren ist oder ob daneben ein weiterer Anspruch der Klägerin besteht.

Tenor des Urteils:

- *Auf die Revision der Beklagten wird das Urteil des Hessischen Landesarbeitsgerichts vom 17. April 2024 – 6 Sa 808/23 – im Kostenpunkt und insoweit aufgehoben, wie die Berufung der Beklagten zurückgewiesen wurde.*
- *Im Umfang der Aufhebung wird auf die Berufung der Beklagten das Urteil des Arbeitsgerichts Frankfurt am Main vom 23. Mai 2023 – 10 Ca 5955/22 – im Kostenpunkt und insoweit abgeändert, wie der Klage stattgegeben wurde, und die Klage insgesamt abgewiesen.*
- *Die Klägerin hat die Kosten des Rechtsstreits zu tragen.*

Leitsatz des Gerichts:

Bei einer Geldschuld, die in eine Direktversicherung des Arbeitnehmers zu leisten ist, wird die geschuldete Leistung mangels anderer Vereinbarungen bewirkt, wenn der Arbeitgeber den Geldbetrag, den der Arbeitnehmer beanspruchen kann, in die Direktversicherung überweist. Die Erfüllung des Anspruchs tritt dann als objektive Folge der Leistungsbewirkung ein. Dies gilt auch für einen Arbeitgeberzuschuss nach § 1a Abs. 1a BetrAVG.

Redaktionell zusammenfassende Leitsätze zu den zentralen rechtlichen Argumentationen und Feststellungen der Entscheidung des Gerichts:

1. Leistet der Arbeitgeber eine Geldschuld in eine vom Arbeitnehmer gehaltene Direktversicherung, ist der Anspruch regelmäßig erfüllt, sobald der übertragene Betrag dem Versicherungsvertrag gutgeschrieben ist; einer besonderen Vereinbarung bedarf es nicht. Das gilt auch für den Arbeitgeberzuschuss nach § 1a Abs. 1a BetrAVG.
2. Der Anspruch auf den Arbeitgeberzuschuss nach § 1a Abs. 1a BetrAVG entsteht in Höhe von 15 % des umgewandelten Entgelts, soweit der Arbeitgeber dadurch Sozialversicherungsbeiträge einspart. Eine tarifliche Regelung, die lediglich auf § 1a BetrAVG verweist und die Entgeltumwandlung ermöglicht, begründet kein eigenständiges, von § 1a BetrAVG abweichendes System i. S. v. § 19 Abs. 1 BetrAVG.

3. Wird in einer Änderungsmitteilung zur Direktversicherung ein Teil des Gesamtbeitrags ausdrücklich als „Arbeitgeberzuschuss" ausgewiesen, kann dieser Teilbetrag den gesetzlichen Zuschussanspruch nach § 1a Abs. 1a BetrAVG nach § 362 BGB erfüllen. Maßgeblich ist die erkennbare Leistungsbestimmung, dass der über die Entgeltumwandlung hinausgehende Beitrag gerade als Arbeitgeberzuschuss geleistet wird.
4. Der Erfüllung des Anspruchs aus § 1a Abs. 1a BetrAVG steht nicht entgegen, dass die betreffenden Zahlungen ursprünglich zur Erfüllung eines anderen Anspruchs oder als sonstige freiwillige Leistung gedacht waren. Entscheidend ist, dass der Arbeitgeberbetrag tatsächlich in die Direktversicherung fließt und (spätestens) bei der maßgeblichen Leistungsbestimmung als Arbeitgeberzuschuss qualifiziert wird; die Frage einer „Anrechnung" anderer Leistungen bleibt damit offen.
5. Eine Betriebsvereinbarung, die im Rahmen eines „Cafeteria-Modells" einen zusätzlichen Optionsbetrag (hier 100 €) für bestimmte, abschließend aufgeführte Verwendungszwecke zur Verfügung stellt, begründet ohne ausdrückliche Regelung keinen Anspruch auf einen Arbeitgeberzuschuss zur Entgeltumwandlung. Ist in der Anlage zur BV lediglich die Fortführung eines bereits bestehenden VL-Sparvertrags als bAV-Variante vorgesehen, kann eine Zahlung in die Direktversicherung – ohne zugrunde liegende VL – nicht auf die Optionsregelung gestützt werden.
6. Die Erfüllung des Anspruchs aus § 1a Abs. 1a BetrAVG durch als Arbeitgeberzuschuss deklarierte Zahlungen führt nicht zu einem unzulässigen Verzicht des Arbeitnehmers auf Rechte aus der BV „Option" im Sinne des § 77 Abs. 4 Satz 2 BetrVG. Weder der Zahlungsmodus noch die Änderungsmitteilung lassen den Schluss zu, der Arbeitnehmer habe seine Optionsrechte (teilweise) aufgegeben; etwaige Rechte aus der BV „Option" bestehen unabhängig davon fort.
7. Der Arbeitgeber ist rechtlich nicht gehindert, über den gesetzlichen Mindestzuschuss des § 1a Abs. 1a BetrAVG hinaus höhere Zuschüsse zur Direktversicherung zu leisten. Hält er sich aufgrund individueller Vereinbarung zu einem höheren Zuschuss verpflichtet, stellt dies eine für den Arbeitnehmer günstigere einzelvertragliche Regelung neben der gesetzlichen Zuschusspflicht dar; der gesetzliche Anspruch ist insoweit von der höheren Zahlung mitumfasst.
8. Wird neben einem Zahlungsantrag für einen vergangenen Zeitraum ein Feststellungsantrag für die Zukunft gestellt, ist dieser im wohlverstandenen Interesse des Arbeitnehmers grundsätzlich als hilfsweise für den Fall des Obsiegens mit dem Zahlungsantrag gestellt auszulegen. Unterliegt der Arbeitnehmer mit dem Zahlungsantrag, fällt der Feststellungsantrag dem Revisionsgericht nicht zur Entscheidung an.

Zum Tatbestand:

- Die Parteien streiten über einen Anspruch der Klägerin auf den Arbeitgeberzuschuss gemäß § 1a Abs. 1a BetrAVG.
- Die 1977 geborene Klägerin ist seit September 2007 bei der Beklagten und ihrer Rechtvorgängerin in Teilzeit beschäftigt.
- Sie bezog eine monatliche Vergütung iHv. 3.473,89 Euro brutto.
- Im Dezember 2007 vereinbarten die Parteien die Gewährung einer betrieblichen Altersversorgung aufgrund Entgeltumwandlung in Form einer beitragsorientierten Leistungszusage im Wege der Direktversicherung mit einer monatlichen Einzahlung iHv. 110,00 Euro.

- Darin eingeschlossen waren von der Arbeitgeberin aufgrund Haustarifvertrags gewährte vermögenswirksame Leistungen iHv. 40,00 Euro monatlich. [...]
- Im November 2016 senkten die Parteien die Entgeltumwandlung auf 50,00 Euro und die vermögenswirksamen Leistungen der Beklagten auf 20,51 Euro ab.
- Mit Wirkung zum 1. Juli 2019 schloss die Beklagte mit dem bei ihrem gebildeten Betriebsrat eine Betriebsvereinbarung „Option“ (BV Option). [...]
- Nach der Anlage zur BV Option kommt die Verwendung der zusätzlichen Arbeitgeberleistung als Kinderbetreuungszuschuss, Fahrtkostenzuschuss, Arbeitnehmer-Entgeltumwandlung bei Mitgliedschaft im Beamtenversicherungsverein (BVV), Fortführung eines bereits bestehenden Sparvertrags über vermögenswirksame Leistungen sowie als Zahlung eines Brutto-Geldbetrags in Betracht.
- Auf Wunsch der Klägerin zahlte die Beklagte 40,00 Euro der sog. „100-Euro-Option“ ab dem 1. Juli 2019 als zusätzliche Leistung in die betriebliche Altersversorgung der Klägerin ein.
- Die restlichen 60,00 Euro erhielt die Klägerin zunächst als Kinderbetreuungszuschuss, ab Juni 2022 als Geldbetrag von der Beklagten.
- Der in die Direktversicherung eingezahlte Gesamtbetrag betrug 90,00 Euro monatlich.
- Unter dem 1. November 2021 füllte die Klägerin ein Formular der Versicherung unter Angabe ihrer Versicherungsscheinnummer aus.
- Danach sollte die Entgeltumwandlung wieder auf den Ursprungsbetrag iHv. 110,00 Euro angehoben werden. Außerdem war eine weitere Erhöhung um 15 % auf einen neuen Gesamtbeitrag inklusive Arbeitgeberzuschuss iHv. 126,50 Euro vorgesehen.
- Hintergrund war die zum 1. Januar 2022 für Altverträge in Kraft tretende Regelung des § 1a Abs. 1a BetrAVG. Die Klägerin leitete den Antrag zur Unterschrift an die Beklagte weiter und bat um Rücksendung bis zum 30. November 2021.
- Die Beklagte antwortete der Klägerin am 1. August 2022 u. a. wie folgt:
  - *„wie bereits telefonisch erläutert, wird unser Mitgliedsunternehmen der gesetzlichen Verpflichtung zur Zahlung des Arbeitgeberzuschusses nach § 1a Abs. 1a BetrAVG hinsichtlich der Entgeltumwandlung von Ihrem Mitglied, der Frau M, ordnungsgemäß zum nachmöglichen Zeitpunkt nachkommen. Dabei ist selbstverständlich, dass eine Berechnung und Einzahlung in die Direktversicherung für die Entgeltumwandlung von Frau M rückwirkend ab dem 01.01.2022 erfolgt. [...]*
  - *Hinzu kommt lediglich der pauschale Arbeitgeberzuschuss in Höhe von 15 % des Umwandlungsbetrages (entsprechend 13,50 Euro). Neuer Einzahlungsbetrag in die Direktversicherung ist dementsprechend ein Betrag in Höhe von 103,50 Euro.*
  - *Sofern Frau M sich doch mit der Anrechnung des Zuschusses auf den Einzahlungsbetrag, wie zuletzt vorgeschlagen, einverstanden zeigt, bitten wir um eine kurzfristige Rückmeldung hierzu.“*
- Im März 2023 – nach der Rechtshängigkeit dieses Rechtsstreits – unterzeichneten die Parteien ein Formular der Versicherung mit dem Titel „Änderungsmitteilung Direktversicherung“, wonach rückwirkend zum 1. Januar 2022 der Gesamtbetrag

der monatlichen Einzahlungen auf den Versicherungsvertrag von 90,00 Euro auf 110,00 Euro erhöht wurde.

- Weiter heißt es darin, dass ein „Anteil am Gesamtbetrag“ iHv. 70,00 Euro auf Entgeltumwandlung und ein Anteil von 40,00 Euro auf einen „Arbeitgeberzuschuss 36,4%“ entfalle.
- Hinter der Angabe „vermögenswirksame Leistungen“ ist „0“ Euro eingetragen.
- Die Klägerin hat zunächst die Ansicht vertreten, sie könne auf die in die Versicherung geleisteten 110,00 Euro einen Zuschuss iHv. 16,50 Euro von der Beklagten aufgrund von § 1a Abs. 1a BetrAVG verlangen.
- Auf jeden Fall stehe ihr aber ein Zuschuss iHv. 10,50 Euro auf die von ihr umgewandelten 70,00 Euro zu.
- Die Optionszahlung der Beklagten sei kein anrechenbarer Zuschuss, sondern eine zusätzliche Entgeltleistung.
- Es sei nicht erkennbar, dass die Beklagte den freiwilligen Zuschuss auch wegen der ersparten Sozialversicherungsbeiträge gewähre.
- Bei der Zahlung des Zuschusses gemäß § 1a Abs. 1a BetrAVG einerseits und der Zahlung iHv. monatlich 40,00 Euro auf der Grundlage der BV Option andererseits handle es sich um zwei unterschiedliche Ansprüche, die nebeneinander bestünden.
- Klägerin hat – soweit für die Revision von Belang – beantragt,
  - die Beklagte zu verurteilen, beginnend mit dem Monat Januar 2022 monatlich einen Arbeitgeberzuschuss iHv. 16,50 Euro netto an die Direktversicherung bei der N Lebensversicherung AG mit der Nr. für die Dauer der Einzahlung von 70,00 Euro zuzüglich 40,00 Euro in ebendiese zu zahlen;
  - hilfsweise für den Fall des Unterliegens mit dem Antrag zu 1., die Beklagte zu verurteilen, beginnend mit dem Monat Januar 2022 monatlich einen Arbeitgeberzuschuss iHv. 10,50 Euro netto an die Direktversicherung bei der N Lebensversicherung AG mit der Nr. für die Dauer der Einzahlung von 70,00 Euro zuzüglich 40,00 Euro in ebendiese zu zahlen.
- Beklagte hat beantragt, die Klage abzuweisen.
- Das Arbeitsgericht hat der Klage auf künftige Leistung iHv. 10,50 Euro monatlich ab dem 1. Januar 2022 stattgegeben und sie im Übrigen abgewiesen.
- Das Landesarbeitsgericht hat die Berufung der Beklagten überwiegend zurückgewiesen, die Beklagte zur Zahlung von 283,50 Euro in die Direktversicherung der Klägerin für die Zeit vom 1. Januar 2022 bis zum 31. März 2024 verurteilt und – nach einer entsprechenden Auslegung des Klageantrags – eine künftige Leistungspflicht der Beklagten zur Zahlung eines Arbeitgeberzuschusses iHv. 10,50 Euro monatlich ab dem 1. April 2024 festgestellt.
- Mit ihrer Revision verfolgt die Beklagte ihren Antrag auf Klageabweisung weiter.
- Die Klägerin begehrt die Zurückweisung der Revision.

<u>Aus den Entscheidungsgründen:</u>

12 „**Die Revision der Beklagten ist begründet. Das Landesarbeitsgericht hat die Berufung der Beklagten zu Unrecht - überwiegend - zurückgewiesen. Die Klage ist insgesamt unbegründet. Die Klägerin hat für die Zeit vom 1. Januar 2022 bis zum 31. März 2024 keinen Anspruch mehr gegen die Beklagte aus § 1a Abs. 1a BetrAVG auf einen Arbeitgeberzuschuss. Der Antrag bezogen auf die Zeit ab dem 1. April 2024 ist dem Senat nicht zur Entscheidung angefallen.**

Die Beklagte hat den Anspruch der Klägerin aus § 1a Abs. 1a BetrAVG für die Zeit vom 1. Januar 2022 bis zum 31. März 2024 erfüllt.

13 1. Die Klägerin hatte im Streitzeitraum einen Anspruch auf einen Arbeitgeberzuschuss aus § 1a Abs. 1a BetrAVG gegen die Beklagte iHv. monatlich 10,50 Euro, da sie Entgelt iHv. 70,00 Euro umgewandelt und die Beklagte insoweit Sozialversicherungsbeiträge gespart hatte. Eine iSv. § 19 Abs. 1 BetrAVG davon abweichende tarifvertragliche Regelung bestand unabhängig davon nicht, ob hierfür der gekündigte Haustarifvertrag noch in Betracht kam. Dieser sieht in § 17 lediglich vor, dass die Beschäftigten durch Vereinbarung mit dem Arbeitgeber geldliche Tarifansprüche in Beiträge zur betrieblichen Altersversorgung umwandeln können, und verweist für geldliche Ansprüche bis zur in § 1a Abs. 1 Satz 1 BetrAVG genannten Grenze auf den „Anspruch auf Entgeltumwandlung gemäß § 1a BetrAVG". Daraus ergibt sich kein gegenüber § 1a BetrAVG eigenständiger Regelungsgehalt zur Entgeltumwandlung. Es wird vielmehr allein die nach § 20 Abs. 1 BetrAVG für tarifvertragliche Entgeltansprüche erforderliche Bestimmung getroffen, dass diese umgewandelt werden können, und im Übrigen auf das Gesetz verwiesen.

14 2. Der Anspruch ist gemäß § 362 Abs. 1, Abs. 2 BGB durch Zahlung von 40,00 Euro monatlich als „Arbeitgeberzuschuss 36,4 %" in die Direktversicherung der Klägerin erloschen.

15 a) Bei einer Geldschuld, die in eine Direktversicherung des Arbeitnehmers zu leisten ist, wird die geschuldete Leistung mangels anderer Vereinbarungen bewirkt, wenn der Arbeitgeber den Geldbetrag, den der Arbeitnehmer beanspruchen kann, in die Direktversicherung überweist *(vgl. BAG 25. Mai 2016 – 5 AZR 135/16 – Rn. 31, BAGE 155, 202)*. Die Erfüllung des Anspruchs tritt dann als objektive Folge der Leistungsbewirkung ein. Einer entsprechenden Vereinbarung bedarf es nicht *(vgl. BGH 8. Juli 2021 – IX ZR 121/20 – Rn. 15)*. Aus § 1a Abs. 1a BetrAVG ergibt sich nichts anderes. Die Norm verpflichtet den Arbeitgeber lediglich zur „Weiterleitung" des ersparten Arbeitgeberanteils an den Sozialversicherungsbeiträgen an die durchführende Versorgungseinrichtung *(BT-Drs. 18/12612 S. 28)*.

16 b) Der Eignung der von der Beklagten überwiesenen Beträge zur Erfüllung des Anspruchs der Klägerin aus § 1a Abs. 1a BetrAVG steht nicht entgegen, dass sie zur Erfüllung eines anderen Anspruchs der Klägerin erbracht worden wären. Es bedarf daher keiner Entscheidung, ob und ggf. unter welchen Voraussetzungen anderweitige Leistungen des Arbeitgebers auf den Anspruch aus § 1a Abs. 1a BetrAVG „angerechnet" werden können *(vgl. hierzu Blomeyer/Rolfs/Otto/Rolfs 8. Aufl. BetrAVG § 1a Rn. 80; Bepler RdA 2019, 12, 16; Höfer DB 2017, 2481, 2483 f.; ErfK/Steinmeyer 25. Aufl. BetrAVG § 1a Rn. 16)*.

17 aa) Die Parteien haben die von der Beklagten an die Versicherung zu leistenden 40,00 Euro monatlich in der von ihnen unterzeichneten Änderungsmitteilung an die Versicherung von März 2023 ausdrücklich als Arbeitgeberzuschuss bezeichnet. Dies erfolgte vor dem Hintergrund der vorangegangenen Erörterungen, dass die Beklagte ihrer Verpflichtung aus der zum 1. Januar 2022 für Altverträge in Kraft getretenen Regelung des § 1a Abs. 1a BetrAVG nachzukommen habe. Es kann dahinstehen, ob der Änderungsmitteilung mit der gewählten Bezeichnung als „Arbeitgeberzuschuss" ein rechtsgeschäftlicher Erklärungsinhalt zukommt. Jedenfalls lässt sich ihr für die 70,00 Euro monatlich übersteigenden Zahlungen in die Direktversicherung keine andere Leistungsbestimmung entnehmen als die Zahlung als Arbeitgeberzuschuss. Anhaltspunkte dafür, dass die Parteien übereinstimmend eigentlich einen anderen Leistungszweck gemeint haben, gibt es nicht.

18 bb) Die Beklagte schuldete die Zahlung des Arbeitgeberzuschusses nicht aufgrund der BV Option. Das Landesarbeitsgericht hat zwar ohne nähere Begründung angenommen, die Leistung sei auf Grundlage des § 3 BV Option erfolgt. Aus der BV Option folgt indes kein solcher Anspruch. Nach § 3 Abs. 1 BV Option stellt die Arbeitgeberin dem vollzeitbeschäftigten Mitarbeiter einen zusätzlichen Betrag iHv. 100,00 Euro brutto zur Verfügung, den er für die in der Anlage aufgeführten Zwecke verwenden kann. Nach § 3 Abs. 2 BV Option kann und muss der Mitarbeiter aus den in der Anlage genannten Verwendungszwecken maximal zwei unterschiedliche Verwendungszwecke auswählen. Eine Verwendung als Arbeitgeberzuschuss zur Entgeltumwandlung ist nach der Anlage zur BV Option nicht vorgesehen. Die Zahlung in eine Direktversicherung ist danach auch im Übrigen keine Wahlmöglichkeit, sofern nicht ein bereits bestehender Sparvertrag über vermögenswirksame Leistungen fortgeführt wird. Nach der auch von der Klägerin unterzeichneten Änderungsmitteilung von März 2023 entfielen auf den in die Direktversicherung ab dem 1. Januar 2022 zu zahlenden Gesamtbeitrag indes keine vermögenswirksamen Leistungen mehr. Es kann daher dahinstehen, ob der Arbeitgeber mit vermögenswirksamen Leistungen seine Zuschusspflicht nach § 1a Abs. 1a BetrAVG erfüllen könnte *(zur Abgrenzung Höfer BetrAVG/Höfer Stand Februar 2025 Kap. 2 Rn. 78 ff.; Kisters-Kölkes/Berenz/Huber/Betz-Rehm/Borgers BetrAVG 10. Aufl. § 1a Rn. 17).*

19 c) Unerheblich ist, dass die Beklagte einen höheren Arbeitgeberzuschuss in die Direktversicherung der Klägerin zahlte als nach § 1a Abs. 1a BetrAVG geschuldet. Der Arbeitgeber ist nicht gehindert, zusätzliche Zuschüsse zu erbringen. Es kann auch dahinstehen, ob die Beklagte meinte, aufgrund einer individualvertraglichen Vereinbarung mit der Klägerin zur Leistung eines Arbeitgeberzuschusses in dieser Höhe verpflichtet zu sein. In diesem Fall hätte sie mit der Klägerin eine für diese gegenüber § 1a Abs. 1a BetrAVG günstigere einzelvertragliche Regelung getroffen.

20 d) Entgegen der Auffassung des Berufungsgerichts steht einer Erfüllung des Anspruchs der Klägerin aus § 1a Abs. 1a BetrAVG nicht entgegen, dass damit ein nach § 77 Abs. 4 Satz 2 BetrVG unzulässiger Verzicht der Klägerin auf Rechte aus der BV Option verbunden wäre. Weder der Zahlung durch die Beklagte noch der Änderungsmitteilung von März 2023 lässt sich entnehmen, die Klägerin verzichte insoweit auf mögliche Rechte aus der BV Option. Rechtsfolge wäre im Übrigen allenfalls, dass mögliche Rechte aus der BV Option fortbestünden. Diese sind jedoch nicht Gegenstand des vorliegenden Rechtsstreits. Die Klägerin hat allein einen Anspruch aus § 1a Abs. 1a BetrAVG geltend gemacht. Es kann daher auch dahinstehen, ob die BV

Option mit Blick auf § 77 Abs. 3 Satz 1 BetrVG und den vormals bei der Beklagten geltenden Haustarifvertrag wirksam Rechte der Arbeitnehmer begründen konnte und welche nach der Anlage zur BV Option möglichen Verwendungszwecke für die Optionszahlung die Klägerin in einer § 3 Abs. 3 BV Option entsprechenden Weise gegenüber der Beklagten gewählt hat.

21 II. Soweit das Berufungsgericht nach Auslegung des Klageantrags angenommen hat, die Klägerin begehre neben der Zahlung des Arbeitgeberzuschusses für die Zeit vom 1. Januar 2022 bis 31. März 2024 die Feststellung, dass die Beklagte auch ab dem 1. April 2024 verpflichtet ist, zusätzlich zu den zu zahlenden 40,00 Euro monatlich zugunsten der Klägerin einen Arbeitgeberzuschuss iHv. 10,50 Euro netto monatlich an die Direktversicherung zu zahlen, ist dem Senat dieser Antrag nicht zur Entscheidung angefallen. Er war im wohlverstandenen Interesse der Klägerin dahin auszulegen, dass er nur für den Fall des Obsiegens mit dem Zahlungsantrag gestellt werden sollte. Die Klägerin ist mit diesem indes unterlegen.

22 III. Die Kostenentscheidung beruht auf § 91 Abs. 1 Satz 1, § 269 Abs. 3 Satz 2 ZPO."

1.2 Arbeitgeberzuschuss – Entgeltumwandlung: Arbeitgeberzuschuss zur Entgeltumwandlung

BAG Entscheidung vom 11. März 2025 – 3 AZR 53/24

Dem dritten Senat zur Entscheidung vorgelegt:

Der dritte Senat des Bundesarbeitsgerichts hatte im vorliegenden Rechtsstreit über die Frage zu entscheiden, ob einem nach dem TV-EUmw/VKA entgeltumwandelnden Arbeitnehmer des kommunalen öffentlichen Dienstes neben der tariflich geregelten Entgeltumwandlung ein gesetzlicher Anspruch auf einen Arbeitgeberzuschuss nach § 1a Abs. 1a BetrAVG in Höhe von 15 % des umgewandelten Entgelts zusteht.

Tenor des Urteils:

- *Auf die Revision des Beklagten wird das Urteil des Landesarbeitsgerichts Mecklenburg-Vorpommern vom 19. Oktober 2023 – 4 Sa 23/23 – aufgehoben.*
- *Auf die Berufung des Beklagten wird das Urteil des Arbeitsgerichts Stralsund vom 10. Januar 2023 – 1 Ca 103/22 – abgeändert.*
- *Die Klage wird abgewiesen.*
- *Der Kläger hat die Kosten des Rechtsstreits zu tragen.*

Redaktionell zusammenfassende Leitsätze zu den zentralen rechtlichen Argumentationen und Feststellungen der Entscheidung des Gerichts:

1. Die Revision des beklagten Arbeitgebers ist zulässig.
2. Insbesondere genügt es für die Revisionsbegründung, wenn geltend gemacht wird, der einschlägige Tarifvertrag (hier: TV-EUmw/VKA) regele „Abweichendes i. S. d. § 19 Abs. 1 BetrAVG“, indem er keinen Arbeitgeberzuschuss vorsehe. Ob dies inhaltlich zutrifft, betrifft die Begründetheit, nicht die Zulässigkeit der Revision.
3. Die auf bereits fällige Zuschüsse gerichteten Klageanträge (1. und 3.) sind als Leistungsklagen zulässig, während die auf zukünftige, wiederkehrende Leistungen gerichteten Anträge (2. und 4.) jedenfalls insoweit unzulässig sind, wie die Ansprüche zum Zeitpunkt der letzten mündlichen Verhandlung in der Berufungsinstanz noch nicht entstanden waren (§ 259 ZPO).
4. Vergütungsansprüche und von ihnen abhängige Zahlungsansprüche – hier der geltend gemachte Arbeitgeberzuschuss zur Entgeltumwandlung – entstehen grundsätzlich erst mit Erbringung der Arbeitsleistung bzw. mit Eintritt der jeweiligen Anspruchsvoraussetzungen.
5. Der bloße Abschluss des Arbeitsvertrages reicht für das Entstehen künftiger Ansprüche nicht aus.
6. Die Voraussetzungen des § 259 ZPO (Besorgnis, dass der Schuldner die Leistung bei Fälligkeit verweigern werde) liegen nicht vor.
7. Das bloße Bestreiten der Forderung und die bisherige Zahlungsverweigerung auf Grundlage einer vertretbaren Tarifauslegung genügen nicht; es bedarf zusätzlicher Umstände, die eine künftige Leistungsverweigerung nahelegen, solche sind vom Kläger nicht dargetan.
8. Dem Kläger steht gegen den Arbeitgeber kein Anspruch auf einen Zuschuss i. H. v. 15 % des umgewandelten Entgelts aus § 1a Abs. 1a BetrAVG zu, weil der

TV-EUmw/VKA den Anspruch auf Entgeltumwandlung tariflich abschließend regelt und gerade keinen Arbeitgeberzuschuss vorsieht; insoweit liegt eine von § 1a BetrAVG abweichende Tarifregelung im Sinne von § 19 Abs. 1 BetrAVG vor.

9. Der TV-EUmw/VKA trifft ein umfassendes, eigenständiges Regelwerk zur Entgeltumwandlung (Grundsatz, Anspruchsvoraussetzungen, umwandelbare Entgeltbestandteile, Geltendmachung, Durchführungswege) und enthält keinen Anspruch auf einen Zuschuss des Arbeitgebers; damit beansprucht er für den geregelten Bereich abschließende Geltung und weicht von der gesetzlichen Regelung des § 1a BetrAVG ab.
10. § 19 Abs. 1 BetrAVG erfasst auch bereits vor Inkrafttreten des Ersten Betriebsrentenstärkungsgesetzes (1. Januar 2018) geschlossene Tarifverträge zur Entgeltumwandlung. Nach Wortlaut, Systematik, gesetzgeberischem Willen und Zweck können solche älteren Tarifverträge – wie der TV-EUmw/VKA – von § 1a BetrAVG einschließlich des später eingeführten § 1a Abs. 1a BetrAVG abweichen.
11. Für eine wirksame abweichende Tarifregelung i. S. d. § 19 Abs. 1 BetrAVG genügt es, dass der Tarifvertrag eigenständig einen Anspruch auf Entgeltumwandlung ohne Arbeitgeberzuschuss vorsieht und damit die Verteilung von Nutzen und Lasten der Entgeltumwandlung anders gestaltet als § 1a BetrAVG.
12. Weder eine ausdrückliche „Abbedingung“ des Zuschusses nach § 1a Abs. 1a BetrAVG noch eine besondere Kompensationsregelung ist erforderlich.

Zum Tatbestand:

- Der Kläger ist seit 1995 als Sachbearbeiter bei dem beklagten kommunalen Arbeitgeber beschäftigt.
- Aufgrund beiderseitiger Tarifbindung finden die Tarifverträge des öffentlichen Dienstes der Kommunen Anwendung, u. a. der Tarifvertrag zur Entgeltumwandlung für Arbeitnehmer/-innen im kommunalen öffentlichen Dienst vom 18.02.2003 (TV-EUmw/VKA).
- Dieser regelt u. a. Anspruchsvoraussetzungen, Umfang, umwandelbare Entgeltbestandteile, Geltendmachung und Durchführungswege der Entgeltumwandlung, sieht aber keinerlei Arbeitgeberzuschuss vor.
- Auf Grundlage dieses Tarifvertrags wandelte der Kläger monatlich Entgelt in Höhe von 39,88 € bzw. 150,00 € zur Begründung betrieblicher Altersversorgungsansprüche um.
- Die Entgeltumwandlung erfolgt in von ihm abgeschlossene Altersversorgungsverträge bei der S AG und der P AG.
- Der Kläger ist der Auffassung, der Beklagte sei nach § 1a Abs. 1a BetrAVG verpflichtet, zusätzlich einen Arbeitgeberzuschuss in Höhe von 15 % des umgewandelten Entgelts in diese Verträge einzuzahlen.
- Dieser gesetzliche Zuschuss sei durch den TV-EUmw/VKA nicht wirksam im Sinne von § 19 Abs. 1 BetrAVG abbedungen.
- Insbesondere könnten die bereits lange vor Einführung des § 1a Abs. 1a BetrAVG geschlossenen tariflichen Regelungen die nunmehr bestehende Zuschusspflicht nicht verdrängen.
- Die Tarifvertragsparteien hätten die neue Gesetzeslage nicht voraussehen können, eine spätere Anpassung des Tarifvertrags sei nicht erfolgt.

- Mit seiner Klage verlangt der Kläger, dass der Beklagte für seine beiden Altersversorgungsverträge bei der S AG und der P AG rückständige Zuschüsse (35,88 € bzw. 135,00 € netto) einzahlt sowie ab dem 1. Juli 2022 monatlich fortlaufend Zuschüsse in Höhe von 5,98 € bzw. 22,50 € netto leistet.
- Der Beklagte beantragt, die Klage abzuweisen, und beruft sich darauf, der TV-EUmw/VKA enthalte als eigenständige, abschließende tarifliche Regelung zur Entgeltumwandlung eine von § 1a BetrAVG abweichende Ordnung, die keinen Arbeitgeberzuschuss vorsehe.
- Arbeitsgericht und Landesarbeitsgericht haben der Klage stattgegeben.
- Mit seiner Revision verfolgt der Beklagte seinen Klageabweisungsantrag weiter.
- Der Kläger beantragt, die Revision zurückzuweisen.

Aus den Entscheidungsgründen:

8 „**Die zulässige Revision des Beklagten hat Erfolg und führt zur Abweisung der Klage. Die Vorinstanzen haben der Klage zu Unrecht stattgegeben. Sie ist zwar überwiegend zulässig, aber unbegründet.**

9 **A. Entgegen der Annahme des Klägers ist die Revision des Beklagten zulässig, insbesondere ist sie ausreichend begründet. Die Argumentation des Beklagten, der TV-EUmw/VKA regele Abweichendes iSd. § 19 Abs. 1 BetrAVG, indem er keine Zuschlagspflicht des Arbeitgebers vorsehe, ist – entgegen der Annahme des Klägers in der Revisionserwiderung – ausreichend. Damit macht die Revision geltend, § 19 Abs. 1 BetrAVG erfasse auch bereits am 1. Januar 2019 bestehende Tarifverträge, und setzt sich mit der Begründung des Berufungsgerichts, das eine konkrete Regelung im Tarifvertrag vermisst, hinreichend auseinander *(vgl. zu den Anforderungen BAG 14. März 2023 – 3 AZR 175/22 – Rn. 9, BAGE 180, 257; 17. Januar 2023 – 3 AZR 501/21 – Rn. 15, BAGE 180, 1).* Ob die Nichtregelung als Abweichung iSd. § 19 Abs. 1 BetrAVG einen sog. logischen Fehlschluss bedeutet – wie der Kläger meint –, ist keine Frage der ausreichenden Begründung der Revision, sondern ihrer Begründetheit.**

10 B. Die Revision ist begründet. Das Berufungsgericht hat die Berufung des Beklagten zu Unrecht zurückgewiesen. Die Klage ist in den Anträgen zu 1. und 3. zulässig, aber unbegründet. Die Anträge zu 2. und 4. sind zumindest teilweise bereits unzulässig, im Übrigen jedenfalls unbegründet.

11 I. Die Klage ist in ihren Anträgen zu 1. und 3. als Leistungsklage zulässig *(vgl. BAG 8. März 2022 – 3 AZR 361/21 – Rn. 16 ff., BAGE 177, 247)*. Die Anträge zu 2. und 4. sind jedenfalls für erst nach dem Zeitpunkt der letzten mündlichen Verhandlung beim Landesarbeitsgericht fällig werdende Leistungen unzulässig.

12 1. Die Klage ist mit den Anträgen zu 2. und 4. auf der Grundlage des § 259 ZPO jedenfalls insoweit bereits unzulässig, wie die geltend gemachten künftigen Ansprüche im Zeitpunkt der letzten mündlichen Verhandlung in der Berufungsinstanz noch nicht vollständig entstanden waren. Vergütungsansprüche sowie von dem Vergütungsanspruch abhängige Zahlungsansprüche aus dem Arbeitsverhältnis entstehen erst mit der Erbringung der Arbeitsleistung, weil der Vertrag durch Kündigung beendet werden kann oder der Arbeitnehmer die ihm obliegende Leistung, ohne Vorliegen der Voraussetzungen, unter denen ein Anspruch auf Vergütung ohne Arbeitsleistung

gegeben wäre, verweigern kann. Der Abschluss des Arbeitsvertrags reicht für die Entstehung des Anspruchs nicht aus. Dies gilt unabhängig davon, ob als Voraussetzung für den künftigen Anspruch auf Arbeitsentgelt die Arbeitsleistung zu erbringen wäre oder ob künftig aus sonstigem Rechtsgrund Arbeitsentgelt ohne Arbeitsleistung beansprucht werden könnte. Auch im letztgenannten Fall entsteht der Anspruch erst, wenn die Anspruchsvoraussetzungen erfüllt sind *(BAG 22. Oktober 2014 – 5 AZR 731/12 – Rn. 42, BAGE 149, 343)*.

13 2. § 259 ZPO setzt zudem die Besorgnis der Leistungsverweigerung des Schuldners zum Fälligkeitstermin voraus. Auch hieran fehlt es vorliegend. Allein das Bestreiten der vom Arbeitnehmer beanspruchten Forderungen durch den Arbeitgeber reicht hierfür nicht aus. Nur weil der Arbeitgeber – wie hier – aufgrund (vertretbarer) Auslegung des Tarifvertrags bisher Zahlungen abgelehnt hat, kann nicht davon ausgegangen werden, er werde sich, trotz einer Verurteilung zur Zahlung bereits fälliger Forderungen, künftig der rechtzeitigen Leistung entziehen. Weitere Anhaltspunkte, die eine Besorgnis der Leistungsverweigerung zum Fälligkeitstermin begründen könnten, hat der Kläger nicht dargelegt *(BAG 22. Oktober 2014 – 5 AZR 731/12 – Rn. 43, BAGE 149, 343)*.

14 II. Die Klage ist im Übrigen unbegründet.

15 1. Der Kläger hat keinen Anspruch gegen den Beklagten aus § 1a Abs. 1a BetrAVG. Es liegt mit den Bestimmungen des TV-EUmw/VKA ein den dadurch begründeten Anspruch der Arbeitnehmer auf Entgeltumwandlung abschließend regelnder Tarifvertrag vor, der jedenfalls insoweit iSv. § 19 Abs. 1 BetrAVG von § 1a BetrAVG abweicht, wie danach kein Anspruch auf einen Arbeitgeberzuschuss wie nach § 1a Abs. 1a BetrAVG vorgesehen ist. Die Auslegung von § 19 Abs. 1 BetrAVG ergibt, dass von den gesetzlichen Regelungen zur Entgeltumwandlung (§ 1a BetrAVG) auch in Tarifverträgen abgewichen werden kann, die bereits vor Inkrafttreten des Ersten Betriebsrentenstärkungsgesetzes am 1. Januar 2018 geschlossen wurden.

16 2. Der im TV-EUmw/VKA geregelte Anspruch auf Entgeltumwandlung weicht vom gesetzlichen Anspruch nach § 1a BetrAVG ab. Der TV-EUmw/VKA enthält eine bezogen auf den danach vorgesehenen Anspruch auf Entgeltumwandlung abschließende Regelung. Das folgt bereits aus dem Namen des Tarifvertrags und seinen den Anspruch auf Entgeltumwandlung ausführlich regelnden Bestimmungen. § 2 TV-EUmw/VKA enthält den Grundsatz der Entgeltumwandlung. § 3 TV-EUmw/VKA regelt die Voraussetzungen des Anspruchs auf Entgeltumwandlung der Beschäftigten. § 4 TV-EUmw/VKA bestimmt die der Umwandlung zugänglichen Entgeltbestandteile. § 5 TV-EUmw/VKA enthält Regelungen zur Geltendmachung. § 6 TV-EUmw/VKA regelt die Durchführungswege. Einen Arbeitgeberzuschuss wie nach § 1a Abs. 1a BetrAVG sieht der TV-EUmw/VKA nicht vor.

17 3. Diese Abweichung von § 1a BetrAVG ist gemäß § 19 Abs. 1 BetrAVG zulässig. Die Tariföffnungsklausel erfasst entgegen der Auffassung des Klägers auch bereits vor dem 1. Januar 2018 geschlossene Tarifverträge. Der Wortlaut von § 19 Abs. 1 BetrAVG, die Systematik sowie der gesetzgeberische Wille und der sich daraus ergebende Sinn und Zweck der Norm lassen nur den Schluss zu, dass bereits vor dem 1. Januar 2018 geschlossene Tarifverträge zur Entgeltumwandlung von § 1a BetrAVG, einschließlich des mit § 1a Abs. 1a BetrAVG neu geschaffenen Anspruchs

auf einen Arbeitgeberzuschuss, abweichen können *(vgl. dazu ausführlich BAG 20. August 2024 – 3 AZR 286/23 – Rn. 11 ff.).*

18 4. Ob ein Tarifvertrag eine abschließende Regelung der Entgeltumwandlung und eine von § 1a BetrAVG abweichende Regelung enthält, ist eine Frage seiner Auslegung. Das ist beim TV-EUmw/VKA wie gesehen der Fall. Es genügt, dass der TV-EUmw/VKA eigenständig einen Anspruch auf Entgeltumwandlung ohne Anspruch auf einen Arbeitgeberzuschuss wie nach § 1a Abs. 1a BetrAVG regelt. Allein dadurch sieht er eine von § 1a BetrAVG abweichende Verteilung des wirtschaftlichen Nutzens und der Lasten der Entgeltumwandlung vor *(zu diesem Aspekt vgl. BAG 8. März 2022 – 3 AZR 362/21 – Rn. 33, BAGE 177, 257).* Anders als der Kläger meint, bedarf es hierfür weder einer konkreten oder ausdrücklichen Abbedingung des Zulagenanspruchs aus § 1a Abs. 1a BetrAVG noch einer hierauf bezogenen oder sonstigen Kompensation.

19 III. Die Kostenentscheidung folgt aus § 91 Abs. 1 ZPO."

1.3 Arbeitgeberzuschuss – Entgeltumwandlung: Arbeitgeberzuschuss zur Entgeltumwandlung

BAG Entscheidung vom 26. August 2025 – 3 AZR 298/24 (Weitgehende Parallelentscheidung zu führender Sache – 3 AZR 286/23 –)

Dem dritten Senat zur Entscheidung vorgelegt:

Der dritte Senat des Bundesarbeitsgerichts hatte im Revisionsverfahren über die Frage zu entscheiden, ob ein tarifgebundener Arbeitnehmer von seinem Arbeitgeber einen Zuschuss nach § 1a Abs. 1a BetrAVG zu einer auf Grundlage des Tarifvertrags zur Entgeltumwandlung in der privaten Versicherungswirtschaft abgeschlossenen Direktversicherung verlangen kann, obwohl dieser Tarifvertrag die Entgeltumwandlung in Anwendung des § 19 BetrAVG abschließend regelt und keinen Arbeitgeberzuschuss vorsieht.

Tenor des Urteils:

- *Die Revision des Klägers gegen das Urteil des Landesarbeitsgerichts Düsseldorf vom 12. Juli 2024 – 6 Sa 524/23 – wird zurückgewiesen.*
- *Der Kläger hat die Kosten der Revision zu tragen.*

Redaktionell zusammenfassende Leitsätze zu den zentralen rechtlichen Argumentationen und Feststellungen der Entscheidung des Gerichts:

1. Die Revision ist unzulässig, soweit sich der Kläger nicht mit der Abweisung seines (echten) Hilfsantrags durch das Berufungsgericht auseinandersetzt; wird über einen Hilfsantrag entschieden, muss die Revisionsbegründung auch insoweit Angriffe enthalten, sonst bleibt es bei der Klageabweisung.
2. Ein Anspruch des Arbeitnehmers auf einen Arbeitgeberzuschuss nach § 1a Abs. 1a BetrAVG besteht nicht, wenn ein Tarifvertrag i. S. v. § 19 Abs. 1 BetrAVG die Entgeltumwandlung abschließend regelt und keinen Zuschuss vorsieht; in diesem Fall wird der gesetzliche Zuschussanspruch durch die tarifliche Regelung verdrängt (TV Entgeltumwandlung für die private Versicherungswirtschaft – TV EU).
3. Ein Tarifvertrag regelt die Entgeltumwandlung „abschließend", wenn er – wie der TV EU – eigenständig einen Rechtsanspruch auf Entgeltumwandlung begründet und die Anspruchsvoraussetzungen (insbesondere schriftlicher Antrag), den Umfang, die umwandelbaren Entgeltbestandteile, die zeitlichen Modalitäten einschließlich möglicher Stichtage sowie den Durchführungsweg der betrieblichen Altersversorgung umfassend normiert, ohne einen Arbeitgeberzuschuss vorzusehen.
4. Die Abweichung des TV EU von § 1a BetrAVG ist nach § 19 Abs. 1 BetrAVG zulässig; die Tariföffnungsklausel erfasst auch bereits vor dem 1. Januar 2018 geschlossene Tarifverträge, die damit von § 1a BetrAVG einschließlich des später eingeführten Anspruchs auf einen Arbeitgeberzuschuss nach § 1a Abs. 1a BetrAVG abweichen können.
5. Für eine wirksame abweichende tarifliche Regelung bedarf es weder einer ausdrücklichen „Abbedingung" des gesetzlichen Zuschussanspruchs nach § 1a Abs. 1a BetrAVG noch einer kompensierenden Gegenleistung zugunsten der Arbeitnehmer; es genügt, dass der Tarifvertrag eigenständig einen Entgeltumwandlungsanspruch ohne Zuschuss regelt und damit die wirtschaftlichen Vorteile

und Lasten der Entgeltumwandlung abweichend von § 1a BetrAVG verteilt, wobei er sich nicht auf die nach § 20 Abs. 1 BetrAVG erforderliche Zulassung der Umwandlung tariflicher Entgeltansprüche beschränkt.

Zum Tatbestand:

- Die Parteien streiten darüber, ob die Beklagte verpflichtet ist dem Kläger einen Arbeitgeberzuschuss nach § 1a Abs. 1a BetrAVG zu seinen Beiträgen aus einer Entgeltumwandlung zu zahlen.
- Der Kläger ist seit dem 1. Januar 2011 bei der damaligen V Lebensversicherung AG beschäftigt; arbeitsvertraglich ist die Anwendung der Tarifverträge für die private Versicherungswirtschaft vereinbart.
- Die Arbeitgeberin firmierte später zur E AG um, das Arbeitsverhältnis ging zum 1. Januar 2018 im Wege des Betriebsübergangs auf die Beklagte über.
- Beide Parteien sind tarifgebunden.
- Zu den anwendbaren Tarifverträgen gehört der Tarifvertrag zur Entgeltumwandlung (TV EU) für die private Versicherungswirtschaft, erstmals vereinbart am 28. Mai 2001 und zum 30. August 2017 in der Präambel dahin geändert, dass nun § 19 BetrAVG (statt zuvor § 17 Abs. 3 BetrAVG) genannt wird; in der seit 1. Januar 2018 geltenden Fassung begründet der TV EU insbesondere einen schriftlich geltend zu machenden Rechtsanspruch der Angestellten auf Entgeltumwandlung, begrenzt diesen der Höhe nach (5.200 Euro jährlich, mindestens der Höchstbetrag des § 1a BetrAVG), beschränkt ihn auf künftige Entgeltansprüche und überlässt die Wahl des Durchführungswegs grundsätzlich dem Arbeitgeber.
- Am 4. Januar 2011 schlossen die V Lebensversicherung AG und der Kläger eine Entgeltumwandlungsvereinbarung, wonach ein Teil seines monatlichen Bruttolohns in einen Anspruch auf Verschaffung von Versicherungsschutz umgewandelt wurde; die Arbeitgeberin verpflichtete sich, Beiträge zu einer hierfür abzuschließenden Rentenversicherung zu zahlen.
- Es wurde eine Direktversicherung mit Wirkung zum 1. Februar 2011 abgeschlossen; zum 1. Januar 2018 erhöhte der Kläger seinen monatlichen Beitrag auf 248,00 Euro.
- Zum 1. Juli 2022 trat der Kläger dem bei der Beklagten bestehenden E-Versorgungswerk bei, in dem 1,75 vH der versorgungsfähigen Bezüge zugunsten einer betrieblichen Versorgungszusage umgewandelt werden, während die Beklagte einen Arbeitgeberbeitrag von 3,5 vH der maßgeblichen Beitragsbemessungsgrenze zahlt; zugleich reduzierte der Kläger seinen Beitrag zur Direktversicherung auf 30,00 Euro monatlich.
- Mit Schreiben aus April und Juli 2022 verlangte der Kläger unter Berufung auf § 1a Abs. 1a BetrAVG einen Arbeitgeberzuschuss der Beklagten ab dem 1. Januar 2022 zu seiner Direktversicherung.
- Der Kläger meinte, ihm stehe für Januar bis Juni 2022 ein Zuschuss iHv. 15 vH seines damaligen Beitrags von 248,00 Euro, also 37,20 Euro monatlich, und ab Juli 2022 ein Zuschuss von 4,50 Euro monatlich zu; zudem beanspruchte er die Feststellung einer entsprechenden Zahlungspflicht für die Zukunft und hilfsweise Schadensersatz für den Fall, dass eine Zuschusspflicht verneint werde.

- Dementsprechend begehrte er mit seinen Klageanträgen Zahlungsleistungen an die Direktversicherung für zurückliegende Monate, eine Feststellung der künftigen Zuschusspflicht sowie hilfsweise Zahlung eines Gesamtbetrags an ihn selbst.
- Die Beklagte berief sich auf den TV EU als abschließende, keinen Arbeitgeberzuschuss vorsehende tarifliche Regelung und beantragte Klageabweisung.
- Das Arbeitsgericht gab der Klage statt.
- Das Landesarbeitsgericht wies sie auf die Berufung der Beklagten insgesamt ab.
- Mit der Revision verfolgt der Kläger seine Anträge weiter.
- Die Beklagte beantragt die Zurückweisung der Revision.

Aus den Entscheidungsgründen:

12 „**Die Revision des Klägers ist überwiegend zulässig, aber unbegründet. Das Berufungsgericht hat zu Recht auf die Berufung der Beklagten die Klage abgewiesen. Die Klage ist zum Teil unzulässig, im Übrigen unbegründet.**

13 **I. Die Revision ist unzulässig, soweit der Hilfsantrag zu 4. des Klägers betroffen ist. Der Kläger wendet sich in der Revisionsbegründung nicht gegen die Klageabweisung insoweit. Zwar hängt der echte Hilfsantrag vom Erfolg der Hauptanträge ab. Da das Berufungsgericht aber über den Hilfsantrag entschieden hat, hätte der Kläger hierzu Stellung nehmen müssen. Das Berufungsgericht hat den Antrag mangels pflichtwidrigen Verhaltens der Beklagten abgewiesen. Hiermit hat sich der Kläger nicht auseinandergesetzt.**

14 II. Die Revision ist im Übrigen unbegründet. Das Berufungsgericht hat der Berufung der Beklagten zu Recht stattgegeben und die Klage abgewiesen.

15 1. Die Anträge zu 1. und 2. sind unbegründet. Ein Anspruch aus § 1a Abs. 1a BetrAVG des Klägers gegen die Beklagte besteht wegen einer abweichenden Regelung im TV EU gemäß § 19 Abs. 1 BetrAVG nicht. Es liegt mit den Bestimmungen des TV EU ein den dadurch begründeten Anspruch der Arbeitnehmer auf Entgeltumwandlung abschließend regelnder Tarifvertrag vor, der jedenfalls insoweit iSv. § 19 Abs. 1 BetrAVG von § 1a BetrAVG abweicht, wie danach kein Anspruch auf einen Arbeitgeberzuschuss wie nach § 1a Abs. 1a BetrAVG vorgesehen ist.

16 2. Der im TV EU geregelte Anspruch auf Entgeltumwandlung weicht von der gesetzlichen Regelung in § 1a BetrAVG ab. Der TV EU enthält eine bezogen auf den danach vorgesehenen Anspruch auf Entgeltumwandlung abschließende Regelung. Das folgt bereits aus dem Namen des Tarifvertrags und seinen den Anspruch auf Entgeltumwandlung ausführlich regelnden Bestimmungen. §§ 1, 2 TV EU enthalten die Grundsätze und Einzelheiten der Entgeltumwandlung. Die Beschäftigten haben nach § 2 Abs. 1 TV EU einen Anspruch auf Entgeltumwandlung, wenn sie ihn – abweichend von § 1a Abs. 1 BetrAVG – schriftlich beantragen. § 2 Abs. 1, 2, 5 TV EU bestimmt zudem die maximale Höhe der der Umwandlung zugänglichen Entgeltbestandteile und den Zeitpunkt der Umwandlung sowie ihrer Vereinbarung. § 2 Abs. 1 Satz 3 TV EU begrenzt die Umwandlung auf künftige Entgeltansprüche. § 2 Abs. 3 TV EU eröffnet dem Arbeitgeber die Bestimmung des Durchführungswegs mit einer Ersatzbestimmung durch den Arbeitnehmer. § 1 TV EU ermöglicht die Umwandlung von vermögenswirksamen Leistungen. § 3 TV EU ermächtigt die Betriebsparteien zu eigenständigen Regelungen. Einen Arbeitgeberzuschuss wie nach § 1a Abs. 1a

BetrAVG sieht der TV EU nicht vor. Auf die Präambel kommt es daneben nicht entscheidend an. An ihr lässt sich aber ablesen, dass die Tarifvertragsparteien die Befugnis zur Abweichung von § 1a BetrAVG in § 19 Abs. 1 BetrAVG gesehen haben und von ihr Gebrauch machen wollten.

17 3. Diese Abweichung von § 1a BetrAVG ist gemäß § 19 Abs. 1 BetrAVG zulässig. Die Tariföffnungsklausel erfasst auch bereits vor dem 1. Januar 2018 geschlossene Tarifverträge. Es ist deshalb nicht von Bedeutung, dass der TV EU bereits im August 2017 neu gefasst wurde. Der Wortlaut von § 19 Abs. 1 BetrAVG, die Systematik sowie der gesetzgeberische Wille und der sich daraus ergebende Sinn und Zweck der Norm lassen nur den Schluss zu, dass auch bereits vor dem 1. Januar 2018 geschlossene Tarifverträge zur Entgeltumwandlung von § 1a BetrAVG, einschließlich des mit § 1a Abs. 1a BetrAVG neu geschaffenen Anspruchs auf einen Arbeitgeberzuschuss, abweichen können *(vgl. dazu ausführlich BAG 20. August 2024 – 3 AZR 286/23 – Rn. 11 ff.; bestätigt 11. März 2025 – 3 AZR 53/24 – Rn. 17).*

18 4. Ob ein Tarifvertrag eine abschließende Regelung der Entgeltumwandlung und eine von § 1a BetrAVG abweichende Regelung enthält, ist eine Frage seiner Auslegung. Das ist beim TV EU wie gesehen der Fall. Es genügt, dass der TV EU eigenständig einen Anspruch auf Entgeltumwandlung ohne Anspruch auf einen Arbeitgeberzuschuss wie nach § 1a Abs. 1a BetrAVG regelt. Allein dadurch sieht er eine von § 1a BetrAVG abweichende Verteilung des wirtschaftlichen Nutzens und der Lasten der Entgeltumwandlung vor. Hierfür bedarf es weder einer konkreten oder ausdrücklichen Abbedingung des Zulagenanspruchs aus § 1a Abs. 1a BetrAVG noch einer darauf bezogenen oder sonstigen Kompensation. Der TV EU beschränkt sich nicht etwa auf eine gemäß § 20 Abs. 1 BetrAVG erforderliche Zulassung einer Umwandlung von auf Tarifvertrag beruhenden Entgeltansprüchen.

19 III. Der Antrag zu 3. ist im Kosteninteresse des Klägers als unechter Hilfsantrag dahin zu verstehen, dass er nur dann zur Entscheidung anfallen soll, wenn den Zahlungsanträgen zu 1. und 2. stattgegeben wird (vgl. BAG 26. November 2024 – 3 AZR 49/24 – Rn. 40). Dieses Verständnis hat der Kläger im Termin zur mündlichen Verhandlung vor dem Senat bestätigt.

20 IV. Die Kostenentscheidung beruht auf § 97 Abs. 1 ZPO."

1.4 Betriebliche Altersversorgung – Erfüllung der Wartezeit und Erziehungsurlaub – betriebliche Altersversorgung – mittelbare Benachteiligung – ruhendes Arbeitsverhältnis – Umlagefähigkeit

BAG Entscheidung vom 6. Mai 2025 – 3 AZR 65/24

Dem dritten Senat zur Entscheidung vorgelegt:

Der dritte Senat des Bundesarbeitsgerichts hatte im vorliegenden Rechtsstreit über die Frage zu entscheiden, ob die Zeiten des Erziehungsurlaubs der Klägerin bei der Erfüllung der Wartezeit für die Gewährung einer betrieblichen Besitzstandsrente zu berücksichtigen sind.

Tenor des Urteils:

- *Die Revision der Klägerin gegen das Urteil des Landesarbeitsgerichts München vom 28. November 2023 – 7 Sa 206/23 – wird zurückgewiesen.*
- *Die Klägerin hat die Kosten der Revision zu tragen.*

Leitsatz des Gerichts:

Eine Wartezeitregelung für einen Besitzstandsbetrag der betrieblichen Altersversorgung, nach der nicht umlagefähige Ruhenszeiten ohne Entgeltanspruch auch wegen Erziehungsurlaubs oder Elternzeit nicht mitzählen, führt nicht zu einer unzulässigen mittelbaren Benachteiligung wegen des Geschlechts.

Redaktionell zusammenfassende Leitsätze zu den zentralen rechtlichen Argumentationen und Feststellungen der Entscheidung des Gerichts:

1. Für den Besitzstandsbetrag der betrieblichen Altersversorgung nach TV BZV ist die Wartezeit der VAP-Satzung (§ 35) nur durch Umlagemonate und Zeiten freiwilliger Versicherung erfüllt.
2. Monate eines gesetzlichen Erziehungsurlaubs/Elternzeit ohne Entgeltanspruch und ohne Umlagepflicht zählen nicht als Versicherungszeit.
3. Tarifliche Regelungen der betrieblichen Altersversorgung unterliegen ungeachtet der durch Art. 9 Abs. 3 GG geschützten Tarifautonomie der vollen Kontrolle am Maßstab von Art. 157 AEUV, Art. 3 Abs. 2, 3 GG und § 7 Abs. 1 AGG; zugesagte Betriebsrenten sind Entgelt, und auch mittelbare Diskriminierungen wegen des Geschlechts sind tariflich unzulässig.
4. Der Ausschluss nicht umlagefähiger Monate eines während des Erziehungsurlaubs ruhenden Arbeitsverhältnisses von der Wartezeit ist jedenfalls als mittelbare Benachteiligung gerechtfertigt, weil der Arbeitgeber in Ruhenszeiten von der Pflicht zur Entgeltzahlung befreit ist und deshalb weder unmittelbare noch mittelbare zusätzliche Entgeltleistungen (einschließlich Versorgungsleistungen) schuldet.
5. Wenn Zeiten des Erziehungsurlaubs zulässigerweise nicht leistungssteigernd in der betrieblichen Altersversorgung berücksichtigt werden, dürfen sie auch bei der Erfüllung einer Wartezeit zur Abgrenzung verschiedener Versorgungssysteme (insbesondere bei einem Systemwechsel mit Stichtagsregelung) von der Anrechnung ausgenommen werden, solange zuvor erdiente, umlagefähige Monate übernommen und – wie hier – durch einen Faktor (1,4) aufgewertet werden.

6. Die Einbeziehung von Mutterschutzzeiten und Zeiten mit Krankengeldzuschuss oder Krankenbeihilfe in die Versorgungs- und Wartezeit, während Erziehungsurlaubszeiten unberücksichtigt bleiben, verletzt den Gleichbehandlungsgrundsatz nicht, weil es sich bei jenen um entgeltpflichtige bzw. durch Lohnersatzleistungen abgesicherte Zeiten mit Umlagepflicht handelt, während der unbezahlte Erziehungsurlaub gerade keine Umlagen auslöst.
7. Art. 10 Abs. 2 der Vereinbarkeits-Richtlinie 2019/1158 ist als materiell-rechtliche Vorschrift zeitlich nicht auf in den 1990er Jahren liegende Erziehungsurlaubszeiten anwendbar, da die Richtlinie erst ab ihrem Inkrafttreten und für Rückkehrzeitpunkte nach diesem Datum gilt.
8. Anhaltspunkte für eine Rückwirkung auf in der Vergangenheit abgeschlossene Elternzeiten bestehen nicht.
9. Die Wartezeitregelung für den Besitzstandsbetrag ist weder nach §§ 1, 3, 7 Abs. 2 AGG unwirksam noch durch § 15 Abs. 2 Satz 6 BEEG verboten, da die Anknüpfung an das Ruhen des Arbeitsverhältnisses und den Wegfall von Entgeltansprüchen eine zulässige Begrenzung einer zusätzlichen tariflichen Leistung darstellt.
10. Angesichts der gefestigten Rechtsprechung von BAG und EuGH zur Rechtfertigung der Nichtberücksichtigung von Erziehungszeiten bestand zudem keine Verpflichtung zur Vorlage nach Art. 267 Abs. 3 AEUV.

Zum Tatbestand:

- Die Klägerin verlangt die Anerkennung von Erziehungszeiten als Wartezeit für eine betriebliche Besitzstandsrente.
- Sie war zunächst mit Unterbrechungen von Oktober 1987 bis März 1990 bei der Rechtsvorgängerin der Beklagten (Deutsche Bundespost) beschäftigt und seit Ende Juni 1990 erneut in einem Arbeitsverhältnis, für das die Tarifverträge der Deutschen Bundespost einschließlich des Versorgungstarifvertrags (VersTV) galten. Dieser verwies auf die VAP-Satzung, nach der der Arbeitgeber Umlagen zur Pflichtversicherung zu zahlen hatte; „Umlagemonate" waren nur Monate mit Umlage für laufendes Arbeitsentgelt, die Wartezeit war nach fünf Jahren Versicherungszeit (Umlagemonate + freiwillige Versicherung) erfüllt.
- Während des Erziehungsurlaubs der Klägerin vom 26.02.1992 bis 26.11.1996 wurden keine Umlagen entrichtet.
- Im Zuge der Post-Privatisierung wurde das Versorgungssystem umgestellt.
- Zum 01.01.1997 wurde die „Betriebsrente Post" (TV BRP) eingeführt, der frühere VersTV zum 30.04.1997 beendet und zum 01.05.1997 der Tarifvertrag zur Regelung des Besitzstandes (TV BZV 1997) in Kraft gesetzt.
- Die Besitzstandskomponente wurde nur gewährt, wenn der Arbeitnehmer am 30.04.1997 die Wartezeit nach § 35 VAP-Satzung erfüllt hatte.
- Anrechenbare Beschäftigungsmonate vor dem 01.05.1997 waren nur solche Monate, die als Umlagemonate nach der VAP-Satzung anerkannt waren.
- Für Arbeitnehmer ohne erfüllte Wartezeit wurden die bis dahin erworbenen anrechenbaren Monate mit dem Faktor 1,4 gewichtet.
- Später wurde diese Besitzstandskomponente in einen Besitzstandsbetrag nach dem TV BZV 2016 überführt.

- Die Beklagte lehnte es ab, die Erziehungszeiten der Klägerin von 1992 bis 1996 als Zeiten zur Erfüllung der Wartezeit für die Besitzstandskomponente bzw. den Besitzstandsbetrag anzuerkennen.
- Die Klägerin meint, diese Zeiten seien als Wartezeit i. S. d. § 35 VAP-Satzung zu berücksichtigen.
- Die Nichtberücksichtigung führe zu einer mittelbaren Benachteiligung wegen des Geschlechts, da überwiegend Frauen Erziehungsurlaub/Elternzeit nähmen.
- Zudem spreche § 4 Abs. 1 S. 3 TV BRP (Anrechnung von Erziehungsurlaub bis zu drei Jahren für die Betriebsrente Post) für eine Anerkennung auch im Rahmen der Besitzstandsrente.
- Die Klägerin beantragt die Feststellung der Verpflichtung der Beklagten, die Erziehungszeiten als Wartezeit für die Besitzstandsrente nach dem TV BZV anzuerkennen.
- Die Beklagte beantragt Klageabweisung.
- Das Arbeitsgericht wies die Klage ab.
- Das Landesarbeitsgericht wies die Berufung zurück.
- Mit der Revision verfolgt die Klägerin ihr Feststellungsbegehren weiter.

<u>Aus den Entscheidungsgründen:</u>

12 **„Die Revision der Klägerin ist unbegründet. Das Landesarbeitsgericht hat ihre Berufung zu Recht zurückgewiesen. Die Klage ist zulässig, aber unbegründet.**

13 **I. Die Klage ist zulässig, insbesondere hinreichend bestimmt, § 253 Abs. 2 Nr. 2 ZPO. Sie ist dahin auszulegen, dass die Klägerin eine Berücksichtigung ihrer Elternzeitmonate insoweit begehrt, wie der Anspruch auf den Besitzstandsbetrag nach § 2 Abs. 1 TV BZV 2016 iVm. § 2 Abs. 4 TV BZV 1997 voraussetzt, dass sie am 30. April 1997 die Wartezeit gemäß § 35 Abs. 1 der VAP-Satzung erfüllte. Dagegen macht sie nicht geltend, die Monate ihres Erziehungsurlaubs müssten auch für die Berechnung der Höhe der Besitzstandsrente berücksichtigt werden.**

14 II. Die Klage ist unbegründet. Die Klägerin hat keinen Anspruch gegen die Beklagte auf Berücksichtigung ihrer Elternzeitmonate ohne Beschäftigung und ohne Entgelt für die Wartezeit gemäß § 2 Abs. 1 TV BZV 2016, § 2 Abs. 1 und Abs. 4 TV BZV 1997 iVm. § 35 Abs. 1 der VAP-Satzung. Sie wird hierdurch nicht unzulässig wegen ihres Geschlechts benachteiligt. § 4 Abs. 1 Satz 3 TV BRP, wonach für die Betriebsrente Post Zeiten des gesetzlichen Erziehungsurlaubs bis zu einer Dauer von drei Jahren berücksichtigt werden, führt nicht zu einer Erfüllung der Wartezeit für den Besitzstandsbetrag, da sich die Bestimmung nicht hierauf bezieht.

15 1. Nach § 2 Abs. 1 TV BZV 2016 wird der Besitzstandsbetrag nur gewährt, wenn am 31. Dezember 2001 eine Anwartschaft auf Besitzstandswahrungskomponente bestand. Dies setzte gemäß § 2 Abs. 1 und Abs. 4 TV BZV 1997 voraus, dass bis zum 30. April 1997 die Wartezeit nach § 35 der VAP-Satzung erfüllt war. Die Wartezeit ist gemäß § 35 Abs. 1 der VAP-Satzung nach einer Versicherungszeit von mindestens fünf Jahren erfüllt, wobei Versicherungszeit nur Umlagemonate und die Zeit einer freiwilligen Versicherung sind. Die Zeit des Erziehungsurlaubs der Klägerin vom

26. Februar 1992 bis zum 26. November 1996 zählt danach nicht mit zur Erfüllung der Wartezeit für den Besitzstandsbetrag.

16 2. Diese Wartezeitregelung für den Besitzstandsbetrag, nach der nicht umlagefähige Monate nicht mitzählen, führt nicht zu einer unzulässigen mittelbaren Benachteiligung der Klägerin wegen des Geschlechts. Sie verstößt weder gegen den Grundsatz des gleichen Entgelts für Männer und Frauen bei gleicher oder gleichwertiger Arbeit nach Art. 157 AEUV noch gegen das Differenzierungsverbot des Art. 3 Abs. 2 und 3 GG. Es kann daher dahinstehen, welche Rechtsfolgen sich andernfalls aus einem Verstoß ergäben.

17a) Die durch Art. 9 Abs. 3 GG geschützte Tarifautonomie steht einer Kontrolle des Tarifvertrags am Maßstab spezialgesetzlicher Benachteiligungsverbote wie Art. 157 AEUV, Art. 3 Abs. 2, 3 GG oder § 7 Abs. 1 AGG unabhängig von der Nähe der tarifvertraglichen Regelung zum Kernbereich von Arbeits- und Wirtschaftsbedingungen nicht entgegen. Die bei Ungleichbehandlungen iSv. Art. 3 Abs. 1 GG ggf. zu beachtende Beschränkung auf eine reine Willkürkontrolle betrifft nicht die spezialgesetzlichen Benachteiligungsverbote *(vgl. BVerfG 11. Dezember 2024 – 1 BvR 1109/21, 1 BvR 1422/23 – Rn. 161, 172).*

18 b) Sowohl Art. 157 AEUV als auch Art. 3 Abs. 2 und 3 GG erfassen mittelbare Diskriminierungen, die geschlechtsneutral formuliert und deshalb auf Frauen und Männer gleichermaßen anzuwenden sind, jedoch tatsächlich mehr Frauen als Männer nachteilig betreffen können. Zugesagte Betriebsrenten sind auf dem Arbeitsverhältnis beruhendes Entgelt. Das Verbot der diskriminierenden Ungleichbehandlung von männlichen und weiblichen Arbeitnehmern gilt nicht nur für staatliche Stellen, sondern erstreckt sich auch auf Tarifverträge, die abhängige Erwerbstätigkeit kollektiv regeln *(BAG 20. April 2010 – 3 AZR 370/08 – Rn. 27 mwN, BAGE 134, 71).* Zwar hat die Klägerin nicht behauptet und ist auch nicht offenkundig, dass vom Ausschluss nicht umlagefähiger Beschäftigungsmonate von der Wartezeit für die Besitzstandsrente überwiegend Erziehungszeiten und damit Frauen erfasst werden. Selbst dies unterstellt, wäre eine mittelbare Benachteiligung wegen des Geschlechts aber gerechtfertigt.

19 c) Mittelbare Benachteiligungen aufgrund des Geschlechts sind sowohl nach Art. 157 AEUV als auch nach Art. 3 Abs. 2 und 3 GG zulässig, wenn die streitige Maßnahme durch objektive Faktoren gerechtfertigt ist, die nichts mit der Diskriminierung aufgrund des Geschlechts zu tun haben, und der vom Arbeitgeber für die Ungleichbehandlung angeführte Grund einem wirklichen Bedürfnis des Unternehmens entspricht und für die Erreichung dieses Ziels geeignet und erforderlich ist *(BAG 20. April 2010 – 3 AZR 370/08 – Rn. 28, BAGE 134, 71).* Diese Bedingungen erfüllt die hier streitige Wartezeitregelung.

20 aa) Es entspricht ständiger Rechtsprechung des Bundesarbeitsgerichts und des Gerichtshofs der Europäischen Union, dass das beim Erziehungsurlaub kraft Gesetzes eintretende Ruhen des Arbeitsverhältnisses objektiv eine Anspruchsminderung bzw. einen Ausschluss rechtfertigt. Ist der Arbeitgeber von der Verpflichtung zur Zahlung des Arbeitsentgelts befreit, weil das Arbeitsverhältnis ruht, ist er auch nicht gehalten, direkt oder indirekt zusätzliche Leistungen zu erbringen. Der Unterschied zwischen einem ruhenden und einem nicht ruhenden Arbeitsverhältnis ist so gewichtig, dass er eine unterschiedliche Behandlung nicht nur beim eigentlichen Arbeitsentgelt, sondern auch bei der Gewährung zusätzlicher Leistungen zum Arbeitsentgelt rechtfertigt *(BAG 20. April 2010 – 3 AZR 370/08 – Rn. 30 mwN, BAGE 134, 71).*

21 bb) So wie das Arbeitsverhältnis im Ganzen ruht, darf der Arbeitgeber seine Aufwendungen für zusätzliche Entgeltleistungen ebenfalls „ruhen" lassen. Dies belegt auch der Vergleich mit der Teilzeitarbeit. Arbeitnehmer, die Teilzeitarbeit leisten, können nicht die gleiche Vergütung verlangen wie Vollzeitbeschäftigte *(vgl. BAG 20. Juni 2023 – 3 AZR 221/22 – BAGE 181, 236).* Würden Zeiten des Erziehungsurlaubs in vollem Umfang für die betriebliche Altersversorgung leistungssteigernd berücksichtigt, würden Arbeitnehmer gleichheitswidrig benachteiligt, die zwar nur Teilzeitarbeit leisten, diese aber tatsächlich erbringen. Das Verhältnis von Leistung und Gegenleistung für tatsächlich erbrachte Dienste würde in nicht zu rechtfertigender Weise erschüttert *(BAG 20. April 2010 – 3 AZR 370/08 – Rn. 31, BAGE 134, 71).*

22 cc) Etwas anderes ergibt sich nicht aus dem Umstand, dass es vorliegend nicht um das Versagen von Leistungssteigerungen für die Zeiten von Erziehungsurlaub, sondern um die Erfüllung der Wartezeit für die Begründung eines Anspruchs auf den Besitzstandsbetrag geht. Die Beklagte kann sich auch insoweit zur Rechtfertigung ihrer Leistungsgestaltung auf ein wirkliches Bedürfnis berufen.

23 (1) Da Erziehungsmonate zulässigerweise bei der Berechnung der Höhe von Ansprüchen unberücksichtigt bleiben dürfen, dürfen sie auch von der Berücksichtigung für die Erfüllung einer Wartezeit zur Abgrenzung zweier unterschiedlicher Regelungssysteme ausgenommen werden. Mangels Umlagefähigkeit der Erziehungsmonate konnte die Klägerin nicht darauf vertrauen, während ihres Erziehungsurlaubs Ansprüche auf betriebliche Altersversorgung zu erwerben. Sie hätte solche auch nicht während anderer Ruhenszeiten erdient.

24 (2) Die Unterschiede zwischen einem ruhenden und einem nicht ruhenden Arbeitsverhältnis rechtfertigen auch die Anknüpfung im Rahmen einer Stichtagsregelung *(vgl. BAG 20. April 2010 – 3 AZR 370/08 – Rn. 30 f., BAGE 134, 71).* In Systemen der betrieblichen Altersversorgung ist es – jedenfalls bei umlagebasierten Systemen, die an vergütungspflichtige Zeiten anknüpfen – zulässig, Monate ohne Entgelt – und damit auch Zeiten des ruhenden Arbeitsverhältnisses wegen Erziehungs- oder Elternzeiten – von der Berücksichtigung auszunehmen. Das gilt auch bei einem Systemwechsel, wenn die vorher erdienten Zeiten weiterhin Berücksichtigung finden oder sogar – wie hier – höher gewertet werden.

25 (3) Die Wartezeitregelung für den Besitzstandsbetrag ist auch geeignet und erforderlich. Sie knüpft zulässig an die gegen Entgelt geleistete Arbeit an. Für die Erreichung des Ziels, den Besitzstandsbetrag an die Erfüllung der Wartezeit durch umlagefähige Monate zum Stichtag 30. April 1997 zu knüpfen, ist die Regelung geeignet und erforderlich. Sie schließt auch nicht etwa die zuvor erbrachten Beschäftigungsmonate mangels Erfüllens der Wartezeit von einer Berücksichtigung aus, sondern übernimmt sie in das neue System mit dem Faktor 1,4.

26 (4) Dass gemäß § 24 Abs. 7 der VAP-Satzung bestimmte Zeiten, in denen ebenfalls keine Arbeitsleistung erfolgt (Mutterschutzfristen oder Zeiten mit Krankengeldzuschuss), gleichwohl für die Berechnung der Wartezeit berücksichtigt werden, steht der Rechtfertigung der Herausnahme von Erziehungszeiten nicht entgegen, da es sich bei jenen um entgeltpflichtige Zeiten, wenn auch zT aufgrund von Lohnersatzleistungen, handelt *(vgl. zum Mutterschaftsurlaub EuGH 6. März 2014 – C-595/12 – [Napoli] Rn. 26 ff.).*

27 3. Sekundäres Unionsrecht fordert kein abweichendes Ergebnis. Es bedarf keiner Entscheidung, ob Art. 10 Abs. 2 der Richtlinie (EU) 2019/1158 (Vereinbarkeits-RL) die

Berücksichtigung von Erziehungszeiten, die nicht entgeltpflichtig sind, bei der Erfüllung einer Wartezeit zur Erlangung von Ansprüchen auf betriebliche Altersversorgung verlangt. Die Bestimmung ist jedenfalls zeitlich nicht auf den vorliegenden Sachverhalt anwendbar.

28 a) Nach Art. 10 Abs. 2 der Vereinbarkeits-RL sorgen die Mitgliedstaaten dafür, dass die Arbeitnehmer nach Ablauf eines Urlaubs gemäß Art. 4, 5 und 6 Anspruch darauf haben, an ihren früheren oder einen gleichwertigen Arbeitsplatz unter Bedingungen zurückzukehren, die für sie nicht weniger günstig sind, und in den Genuss aller Verbesserungen der Arbeitsbedingungen zu kommen, auf die sie Anspruch gehabt hätten, wenn sie den Urlaub nicht genommen hätten.

29 b) Materiell-rechtliche Vorschriften einer Richtlinie sind in der Regel so auszulegen, dass sie für vor ihrem Inkrafttreten entstandene Sachverhalte nur gelten, wenn aus ihrem Wortlaut, ihrer Zielsetzung oder ihrem Aufbau eindeutig hervorgeht, dass ihnen eine Wirkung für die Vergangenheit beizumessen ist *(EuGH 25. Februar 2021 – C-129/20 – [Caisse pour l'avenir des enfants] Rn. 31).* Der Gerichtshof der Europäischen Union hat deshalb die Vorgängerrichtlinie der Vereinbarkeits-RL nicht auf in der Vergangenheit abgeschlossene Elternzeiten angewandt *(EuGH 25. Februar 2021 – C-129/20 – [Caisse pour l'avenir des enfants] aaO).* Bei der Vereinbarkeits-RL fehlen ebenso entsprechende Anhaltspunkte für einen Geltungsanspruch für Sachverhalte in der Vergangenheit.

30 c) Art. 10 Abs. 2 der Vereinbarkeits-RL findet demnach in zeitlicher Hinsicht keine Anwendung auf die Elternzeiten der Klägerin. Die Richtlinienbestimmung gilt erst seit dem 2. August 2019 und war nach ihrem Art. 20 Abs. 1 bis zum 2. August 2022 umzusetzen. Sie knüpft als materiell-rechtliche Regelung an die Bedingungen bei der Rückkehr aus dem Elternurlaub an. Dieser Zeitpunkt muss mangels anderer Anhaltspunkte in der Richtlinie nach ihrem Inkrafttreten liegen. Ihre Elternurlaube hatte die Klägerin dagegen bereits in den 90er Jahren genommen.

31 4. Die hier streitige Wartezeitregelung ist nicht gemäß § 7 Abs. 2 AGG unwirksam. Der Prüfungsmaßstab nach §§ 7, 3, 1 AGG entspricht demjenigen von Art. 157 AEUV und Art. 3 Abs. 2 und 3 GG *(vgl. BAG 20. April 2010 – 3 AZR 370/08 – Rn. 51, BAGE 134, 71).*

32 5. Auch § 15 Abs. 2 Satz 6 BEEG, wonach der Anspruch auf Erziehungsurlaub nicht durch Vertrag ausgeschlossen oder beschränkt werden kann, verbietet keine – tarifvertragliche oder satzungsrechtliche – Regelung, nach welcher die Zeiten des ruhenden Arbeitsverhältnisses für eine zusätzliche tarifliche Leistung nicht berücksichtigt werden. Knüpfen die Tarifvertragsparteien oder der Satzungsgeber an die Rechtsfolge des Erziehungsurlaubs, nämlich das Ruhen des Arbeitsverhältnisses, an und bestimmen sie, dass in diesem Fall keine Besitzstandsrente erworben werden kann, geht diese Regelung nicht über das hinaus, was sich für das Ruhen anderer Vergütungsbestandteile ohnehin aus den gesetzlichen Vorschriften ergibt *(vgl. BAG 20. April 2010 – 3 AZR 370/08 – Rn. 49 mwN, BAGE 134, 71).*

33 6. Der von der Klägerin angeregten Vorlage an den Gerichtshof der Europäischen Union nach Art. 267 Abs. 3 AEUV bedurfte es nicht. Die Nichtberücksichtigung von Erziehungsurlaubszeiten kann nach der ständigen Rechtsprechung auch des Gerichtshofs durch objektive Gründe gerechtfertigt sein, die nichts mit einer Diskriminierung aufgrund des (weiblichen) Geschlechts zu tun haben *(vgl. BAG 20. April 2010 – 3 AZR 370/08 – Rn. 53 mwN, BAGE 134, 71).* So liegt der Fall auch hier.

34 III. Die Kostenentscheidung folgt aus § 97 Abs. 1 ZPO."

1.5 Betriebliche Altersversorgung – Betriebsrente – Höchstbegrenzung nach 25-jähriger Dienstzeit

BAG Entscheidung vom 22. Oktober 2024 – 3 AZR 11/24

Dem dritten Senat zur Entscheidung vorgelegt:

Der dritte Senat des Bundesarbeitsgerichts hatte im Revisionsverfahren über die Frage zu entscheiden, ob die dem Kläger erteilte Versorgungszusage in der Fassung der Änderungsvereinbarung 2002 dahin auszulegen ist, dass seine Betriebsrente nach 25 Dienstjahren auf einen monatlichen Höchstbetrag von 300,00 Euro begrenzt ist.

Tenor des Urteils:

- *Die Revision des Klägers gegen das Urteil des Landesarbeitsgerichts Hamm vom 2. August 2023 – 4 Sa 444/23 – wird zurückgewiesen.*
- *Der Kläger hat die Kosten der Revision zu tragen*

Redaktionell zusammenfassende Leitsätze zu den zentralen rechtlichen Argumentationen und Feststellungen der Entscheidung des Gerichts:

1. Als Allgemeine Geschäftsbedingungen abgefasste individualvertragliche Versorgungszusagen sind nach ihrem objektiven Inhalt und typischen Sinn aus Sicht eines verständigen, rechtsunkundigen Arbeitnehmers unter Berücksichtigung von Wortlaut, Systematik, Historie und Regelungszweck einheitlich auszulegen; die Auslegung ist durch das Revisionsgericht vollständig überprüfbar.
2. Bestimmt eine Versorgungszusage, die monatliche Alters- und Invalidenrente „beträgt nach 25 Dienstjahren 300,00 €“ und knüpft Grundbetrag (40 %) sowie Steigerungssatz (4 % pro Dienstjahr) an „diese Rentenleistung“, ist dies dahin auszulegen, dass die Betriebsrente nach 25 Dienstjahren auf einen Höchstbetrag von 300,00 € begrenzt ist und der Steigerungssatz nur bis zur Vollendung des 25. Dienstjahres erdient werden kann.
3. Der Umstand, dass im selben Regelungswerk für ein zusätzliches Weihnachtsgeld ausdrücklich ein „Höchstbetrag“ genannt wird, steht der Annahme einer (nicht ausdrücklich so bezeichneten) Höchstbegrenzung der monatlichen Altersrente nicht entgegen; die unterschiedliche Formulierung erklärt sich aus der Verwendung prozentualer Werte bei der Rente und absoluter Beträge beim Weihnachtsgeld.
4. Für die Auslegung einer im Wege Allgemeiner Geschäftsbedingungen erteilten Versorgungszusage sind andere Entgeltbestandteile (z. B. Bonuszahlungen) und frühere allgemeine Versorgungsordnungen des Arbeitgebers regelmäßig unbeachtlich, wenn sie nicht typischerweise den Abschluss der konkreten Zusage begleiten; aus einem allgemeinen Motiv, lange Betriebszugehörigkeit zu honorieren, kann keine von Wortlaut und Systematik abweichende, unbegrenzte Steigerungsmöglichkeit hergeleitet werden.
5. Eine Höchstbegrenzung des Erwerbs von Versorgungsanwartschaften auf 25 Dienstjahre bewirkt keine (mittelbare) Benachteiligung wegen des Alters nach §§ 1, 3, 7 AGG, wenn die Regelung die Wertigkeit von Beschäftigungszeiten nicht davon abhängig macht, ob diese vor oder nach Erreichen eines bestimmten Lebensalters zurückgelegt werden.

6. Ist die Versorgungsregelung im Wege anerkannter Auslegungsmethoden eindeutig dahin zu verstehen, dass eine Höchstgrenze der Altersrente von 300,00 € nach 25 Dienstjahren besteht, scheidet die Anwendung der Unklarheitenregel des § 305c Abs. 2 BGB aus; die Klausel ist auch hinreichend transparent i. S. v. § 307 Abs. 1 Satz 2 BGB, wenn sich die Obergrenze zwar erst durch Auslegung, aber ohne erhebliche Zweifel ergibt und der Arbeitnehmer seine Rechtsposition zuverlässig erkennen kann.

Zum Tatbestand:

- Der Kläger war vom 1. April 1984 bis zum 30. Juni 2022 bei der Beklagten bzw. deren Rechtsvorgängerin beschäftigt und bezieht seit dem 1. Juli 2022 eine gesetzliche Altersrente.
- Die Rechtsvorgängerin erteilte ihm am 4. Dezember 1991 eine individualvertragliche Versorgungszusage, nach der die monatliche Alters- und Invalidenrente aus einem Grundbetrag und Steigerungsbeträgen bestand und nach 30 Dienstjahren 500 DM betragen sollte; zusätzlich war ein dienstzeitabhängiges Weihnachtsgeld vorgesehen.
- Mit Änderungsvereinbarung vom 4. Dezember 2002, wirksam ab 1. Januar 2003, wurde die Zusage u. a. dahin geändert, dass die monatliche Alters- und Invalidenrente nach 25 Dienstjahren 300,00 € „beträgt", der Grundbetrag nach zehnjähriger Wartezeit 40 % hiervon ausmacht und für jedes weitere Dienstjahr ein Steigerungssatz von 4 % „dieser Rentenleistung" gewährt wird; das Weihnachtsgeld entfiel, im Übrigen blieb die ursprüngliche Zusage unverändert.
- Seit dem 1. Juli 2022 zahlt die Beklagte dem Kläger eine monatliche Betriebsrente von 300,00 €.
- Der Kläger meint, bei insgesamt 38 Dienstjahren stehe ihm neben dem Grundbetrag von 120,00 € für weitere 28 Dienstjahre ein Steigerungsbetrag von insgesamt 336,00 € zu, also eine Betriebsrente von 456,00 € monatlich.
- Die Nennung von 300,00 € nach 25 Dienstjahren sei nur ein Berechnungsbeispiel und keine Höchstgrenze; eine Obergrenze hätte – wie beim Weihnachtsgeld früher – ausdrücklich formuliert werden müssen.
- Zudem beruft der Kläger sich auf Sinn und Zweck der Versorgung (Honorierung langer Betriebszugehörigkeit) sowie auf Unklarheitenregel (§ 305c Abs. 2 BGB) und Intransparenz (§ 307 Abs. 1 Satz 2 BGB).
- Die Beklagte hält dem entgegen, Nr. 1 der Änderungsvereinbarung 2002 lege eine Höchstbegrenzung der monatlichen Altersrente auf 300,00 € nach 25 Dienstjahren fest.
- Das Arbeitsgericht hat die Klage, mit der der Kläger rückständige Betriebsrente und die Feststellung einer monatlichen Versorgung in Höhe von 456,00 € begehrte, abgewiesen.
- Das Landesarbeitsgericht hat die Berufung zurückgewiesen.
- Mit der Revision verfolgt der Kläger sein Begehren weiter.

Aus den Entscheidungsgründen:

10 **„Die Revision des Klägers bleibt ohne Erfolg. Das Landesarbeitsgericht hat die Berufung des Klägers gegen das klageabweisende erstinstanzliche Urteil zu Recht zurückgewiesen. Die zulässige Klage ist unbegründet.**

11 **I. Die Klage ist zulässig.**

12 **1. Mit dem Zahlungsantrag macht der Kläger hinreichend bestimmt (§ 253 Abs. 2 Nr. 2 ZPO) die zwischen den Parteien streitige monatliche Betriebsrentendifferenz iHv. 156,00 Euro für den Zeitraum von Juli 2022 bis Dezember 2022 – also für sechs Monate – mit einem Gesamtbetrag iHv. 936,00 Euro nebst Zinsen geltend.**

13 2. Der Feststellungsantrag zu 2. ist – wie der Kläger in der Senatsverhandlung bestätigt hat – dahin auszulegen, dass die Verpflichtung der Beklagten geltend gemacht wird, an den Kläger monatlich über den unstreitigen Betrag iHv. 300,00 Euro hinaus weitere Betriebsrente iHv. 156,00 Euro zu zahlen. Damit richtet sich der Antrag auf die Feststellung eines Rechtsverhältnisses iSd. § 256 Abs. 1 ZPO, nämlich den Umfang der Leistungspflicht der Beklagten *(vgl. BAG 20. Juni 2023 – 3 AZR 208/22 – Rn. 24*, über deren Höhe zwischen den Parteien Streit besteht, weshalb der Kläger auch ein Interesse an alsbaldiger gerichtlicher Feststellung hat *(vgl. BAG 25. Januar 2022 – 3 AZR 406/21 – Rn. 25).*

14 II. Die Klage ist mit beiden Anträgen unbegründet. Das Landesarbeitsgericht hat ohne Rechtsfehler erkannt, dass der Kläger keinen Anspruch gegen die Beklagte auf Zahlung einer um 156,00 Euro erhöhten monatlichen Betriebsrente hat.

15 1. Nach Nr. 1 Abs. 2 der Änderungsvereinbarung 2002 steht dem Kläger zunächst aufgrund der Erfüllung der 10-jährigen Wartezeit der Grundbetrag iHv. 40 % von 300,00 Euro, also 120,00 Euro zu. Dieser Betrag erhöht sich nach Nr. 1 Abs. 3 der Änderungsvereinbarung 2002 für jedes weitere Dienstjahr um 12,00 Euro (4 % von 300,00 Euro), nicht jedoch über den monatlichen Betrag iHv. 300,00 Euro hinaus. Das ergibt die Auslegung der Änderungsvereinbarung 2002.

16 a) Die Änderungsvereinbarung 2002, auf die der Kläger seinen Anspruch stützt, enthält nach den nicht angegriffenen Feststellungen des Landesarbeitsgerichts Allgemeine Geschäftsbedingungen iSv. § 305 Abs. 1 BGB. Deren Auslegung durch das Landesarbeitsgericht ist in der Revisionsinstanz voll überprüfbar *(st. Rspr., BAG 2. Juni 2021 – 4 AZR 387/20 – Rn. 13)*. Allgemeine Geschäftsbedingungen sind – ausgehend vom Vertragswortlaut – nach ihrem objektiven Inhalt und typischem Sinn einheitlich so auszulegen, wie sie von rechtsunkundigen, verständigen und redlichen Vertragspartnern unter Abwägung der Interessen der normalerweise beteiligten Verkehrskreise verstanden werden, wobei die Verständnismöglichkeiten des durchschnittlichen Vertragspartners des Verwenders zugrunde zu legen sind *(st. Rspr., BAG 12. März 2024 – 3 AZR 150/23 – Rn. 21 mwN).*

17 b) Ausgehend von diesen Grundsätzen ist Nr. 1 der Änderungsvereinbarung 2002 dahin zu verstehen, dass die zugesagte monatliche Betriebsrente nach 25 Dienstjahren auf einen Höchstbetrag von 300,00 Euro begrenzt ist.

18 aa) Der Wortlaut der Zusage regelt eine Höchstbegrenzung der monatlichen Betriebsrente auf 300,00 Euro zwar nicht ausdrücklich, spricht aber maßgeblich für

eine solche. Insbesondere der Umstand, dass nach Nr. 1 Abs. 1 der Änderungsvereinbarung 2002 „die monatliche Altersrente" nach 25 Dienstjahren 300,00 Euro „beträgt", lässt im Zusammenspiel mit dem Hinweis auf ihre Berechnung aus dem Grundbetrag und Steigerungsbeträgen für rechtsunkundige, verständige und redliche Vertragspartner erkennen, dass nach Erreichen dieser Dienstzeit keine weitere Steigerung mehr eintreten soll. Grund- und Steigerungsbeträge ergeben nach Nr. 1 Abs. 2 und 3 der Änderungsvereinbarung 2002 zusammen genau 100 % „dieser Rentenleistung" von 300,00 Euro. Dieser Umstand und das Fehlen von Anhaltspunkten im Wortlaut der Versorgungszusage dafür, dass die Altersrente mehr als 100 % des genannten Betrags ausmachen kann, sprechen für ein Verständnis, dass der Steigerungssatz nur für „jedes weitere Dienstjahr" bis zur Vollendung des 25. Dienstjahres erdient wird. Wäre hingegen – wie der Kläger meint – die Angabe, die Betriebsrente betrage nach 25 Dienstjahren 300,00 Euro, im ersten Absatz der Nr. 1 der Änderungsvereinbarung 2002 nur im Rahmen eines Berechnungsbeispiels erfolgt, hätte es nahegelegen, dies durch einen Zusatz (wie „z. B." oder „beispielsweise") deutlich zu machen. Zudem wäre es ungewöhnlich, eine Beispielsberechnung an den Anfang der Abrede/Zusage zu stellen.

19 bb) Zieht man die Systematik und die Historie der Änderungsvereinbarung 2002 und der Versorgungszusage 1991 hinzu, wird unter Berücksichtigung des Verständnisses der beteiligten Verkehrskreise erkennbar, dass es sich bei dem in der Änderungsvereinbarung 2002 genannten Betrag von 300,00 Euro um einen Höchstbetrag handelt. Bei anderem Verständnis wäre die konkrete Bezifferung der gerade nach 25 Dienstjahren erreichten Altersrente nur im Rahmen einer Beispielsrechnung naheliegend. Unter dieser Prämisse ließe sich – wie das Landesarbeitsgericht zutreffend ausführt – jedoch nicht mehr plausibel erklären, weshalb in der Änderungsvereinbarung 2002, mit der der Steigerungssatz von 3 % aus der Versorgungszusage 1991 auf 4 % hochgesetzt wurde, eine Änderung der möglichen Beispielsrechnung vorgenommen wurde. Bei einer reinen Beispielsrechnung wäre es bei der Änderung der ursprünglichen Versorgungszusage nicht erforderlich gewesen, neben der Anpassung der Bezugsgröße für die Bestimmung von Grund- und Steigerungsbetrag und des prozentualen Steigerungssatzes auch die vermeintliche Beispielsrechnung so zu korrigieren, dass diese bei nun einer 25-jährigen Dienstzeit erneut genau 100 % des Grund- und Steigerungsbetrags erreicht. Mit der Änderung durch die Änderungsvereinbarung 2002 war damit offenkundig beabsichtigt, die angehobene (300,00 Euro statt vorher 500,00 DM) – der Höhe nach begrenzte – Rentenanwartschaft frühzeitiger erdienen zu können und im Gegenzug das Weihnachtsgeld entfallen zu lassen. Entgegen der Ansicht des Klägers steht dem Ergebnis in systematischer Hinsicht nicht entgegen, dass – im Gegensatz zur Altersrente – in der Versorgungszusage 1991 im Zusammenhang mit dem zusätzlichen Weihnachtsgeld ausdrücklich ein Höchstbetrag genannt ist („höchstens jedoch DM 140,- nach 25 Dienstjahren"), der abgewandelt auch in der für den klägerischen Anspruch maßgeblichen Änderungsvereinbarung 2002 enthalten ist („höchstens jedoch € 71,50 jährlich"). Dies schließt nicht aus, dass auch der in Nr. 1 der Änderungsvereinbarung 2002 genannte Betrag von 300,00 Euro als Obergrenze zu verstehen ist. Vielmehr kann dies dadurch erklärt werden, dass der Wert des Weihnachtsgeldes nicht in Prozentsätzen, sondern in absoluten Zahlen ausgedrückt wird.

20 cc) Soweit der Kläger darauf verweist, die Beklagte habe im Rahmen von Bonuszahlungen regelmäßig auch Zahlungen „oberhalb von 100 %" geleistet, so ist das

schon deshalb unbeachtlich, weil es sich nicht um solche Umstände handelt, die typischerweise den Abschluss vergleichbarer Versorgungszusagen begleiten, und die daher zur Auslegung der vorliegend im Wege von Allgemeinen Geschäftsbedingungen erfolgten Versorgungszusage nicht herangezogen werden können *(vgl. BAG 20. Juni 2017 – 3 AZR 179/16 – Rn. 33; 15. Februar 2017 – 7 AZR 291/15 – Rn. 15)*. Gleiches gilt, soweit die Revision auf die allgemeine Versorgungsordnung der Rechtsvorgängerin der Beklagten verweist und ausführt, dieser sei keine Begrenzung in Bezug auf die Dienstjahre zu entnehmen. Ungeachtet dessen kann der Kläger nach der auch durch die Änderungsvereinbarung 2002 nicht abgeänderten Präambel der ursprünglichen Versorgungszusage 1991 aus der allgemeinen Versorgungsordnung keine Ansprüche herleiten.

21 dd) Sinn und Zweck der Versorgungszusage im Sinne von typischerweise von redlichen Geschäftspartnern verfolgten Zielen *(vgl. BAG 30. Januar 2019 – 5 AZR 442/17 – Rn. 51, BAGE 165, 132)* stehen dem gefundenen Ergebnis nicht entgegen. Der im ersten Absatz der Versorgungszusage 1991 verlautbarte und durch die Änderungsvereinbarung 2002 nicht abgeänderte Regelungszweck – die Honorierung vergangener Leistungen und künftiger Betriebstreue – erfordert nicht zwingend, künftige Dienstjahre unbegrenzt zu berücksichtigen.

22 ee) Die Änderungsvereinbarung 2002 begegnet mit diesem Auslegungsergebnis auch keinen rechtlichen Bedenken. Die Höchstbegrenzung der Altersrente auf 300,00 Euro nach einer Dienstzeit von 25 Jahren führt nicht zu einer unzulässigen Benachteiligung wegen des Alters iSd. §§ 1, 3 Abs. 1 und 2, § 7 AGG. Sie bewirkt zwar, dass nach 25 Dienstjahren allein durch weitere Betriebszugehörigkeitszeiten keine weiteren Versorgungsanwartschaften mehr erworben werden können. Darin liegt aber keine mittelbare Benachteiligung wegen des Alters. Die Höchstbegrenzung für den Erwerb von Versorgungsanwartschaften auf 25 Dienstjahre führt nicht dazu, dass Beschäftigungszeiten, die vor Erreichen eines bestimmten Lebensalters zurückgelegt werden, hinsichtlich des Erwerbs von Rentenanwartschaften eine andere Wertigkeit erhalten als solche, die danach zurückgelegt werden *(vgl. BAG 28. Mai 2013 – 3 AZR 266/11 – Rn. 35)*.

23 c) Nach den vorstehenden Ausführungen sind die vertraglichen Regelungen nicht mehrdeutig iSd. § 305c Abs. 2 BGB. Bei Berücksichtigung der anerkannten Auslegungsmethoden bestehen im Entscheidungsfall keine erheblichen Zweifel *(vgl. zu dieser Anforderung: BAG 20. März 2024 – 5 AZR 161/23 – Rn. 22; 28. Juni 2023 – 5 AZR 9/23 – Rn. 35)*.

24 2. Die Höchstbegrenzung in der Bestimmung zur Berechnung der Altersrente in der Änderungsvereinbarung 2002 ist – ungeachtet der Rechtsfolgen einer gegenteiligen Annahme – hinreichend transparent (§ 307 Abs. 1 Satz 2 BGB). Unschädlich für die erforderliche Bestimmtheit der Vertragsregelung ist, dass sich ihr Inhalt erst im Wege der Auslegung ermitteln lässt. Die Gefahr, dass die betroffenen Arbeitnehmer wegen unklar abgefasster Allgemeiner Vertragsbedingungen ihre Rechte nicht wahrnehmen, bestand vorliegend nicht *(zu dieser Anforderung: BAG 15. November 2016 – 3 AZR 579/15 – Rn. 59; 21. Januar 2015 – 10 AZR 84/14 – Rn. 33 mwN, BAGE 150, 286)*.

25 II. Die Kostenentscheidung folgt aus § 97 Abs. 1 ZPO.“

2. Anspruch auf betriebliche Altersversorgung

2.1 Betriebliche Altersversorgung – biometrisches Risiko – Direktversicherung – Lebensversicherung – Auslegung

BAG Entscheidung vom 6. Mai 2025 – 3 AZR 118/24

Dem dritten Senat zur Entscheidung vorgelegt:

Der dritte Senat des Bundesarbeitsgerichts hatte im Revisionsverfahren über die Frage zu entscheiden, ob der Beklagte der Klägerin eine Zusage auf Leistungen der betrieblichen Altersversorgung iSv. § 1 Abs. 1 Satz 1 BetrAVG erteilt hat und deshalb verpflichtet ist, ihr ab dem 1. Februar 2023 aus der von ihm bei der A Lebensversicherung a.G. abgeschlossenen Rentenversicherung eine monatliche Betriebsrente (garantiert 1.352,95 Euro) zu verschaffen.

Tenor des Urteils:

- *Die Revision der Klägerin gegen das Urteil des Landesarbeitsgerichts Baden-Württemberg – Kammern Freiburg – vom 20. Februar 2024 – 11 Sa 45/22 – wird zurückgewiesen.*
- *Die Klägerin hat die Kosten der Revision zu tragen.*

Redaktionell zusammenfassende Leitsätze zu den zentralen rechtlichen Überlegungen und Feststellungen der Entscheidung des Gerichts:

1. Widersprechen sich Tatbestand und Sitzungsprotokoll zur letzten Antragstellung, ist nach § 314 Satz 2 ZPO das Protokoll maßgeblich; der in der Revision aufgegriffene (fehlerhafte) Tatbestandsantrag ist entsprechend auszulegen.
2. Ein auf laufende Rentenzahlung gerichteter Antrag ist als Klage auf wiederkehrende Leistungen nach § 258 ZPO auch für künftig fällig werdende Beträge zulässig, wenn die Leistung – wie bei einer Betriebsrente – von keiner Gegenleistung abhängt.
3. Eine Versorgungszusage im Durchführungsweg der Direktversicherung setzt voraus, dass der Arbeitnehmer (oder seine Hinterbliebenen) aus der vom Arbeitgeber auf das Leben des Arbeitnehmers abgeschlossenen Versicherung ganz oder teilweise bezugsberechtigt ist (§ 1b Abs. 2 Satz 1 BetrAVG); ist – wie hier – der Arbeitgeber sowohl bei Ablauf als auch beim Tod der versicherten Person allein bezugsberechtigt, fehlt es an einer bAV-Zusage, auch wenn „technische Daten" einen Rentenbeginn ausweisen.
4. Soweit der Arbeitgeber in Begleitschreiben Leistungen erst „nach meinem Ableben" in Aussicht stellt, entsteht daraus kein Anspruch auf Rentenzahlung zu einem früheren (technischen) Rentenbeginn; zugleich fällt eine solche Zusage nicht unter § 1 Abs. 1 Satz 1 BetrAVG, wenn das abgesicherte biometrische Risiko nicht den Arbeitnehmer (Alter/Invalidität/Tod), sondern den Tod des Arbeitgebers betrifft – weitere Fragen (Anlass des Arbeitsverhältnisses, Wirksamkeit von Bedingungen) sind dann nicht entscheidungserheblich.

Zum Tatbestand:

- Die Parteien streiten darüber, ob der Beklagte der Klägerin Leistungen der betrieblichen Altersversorgung zu gewähren hat.

- Die Klägerin (geb. 12.02.1959) war vom 1.03.2008 bis 31.05.2022 als Haushaltsangestellte/Haushaltshilfe beim Beklagten beschäftigt (zuletzt 2.393,19 € brutto).
- Parallel lebten die Parteien (weitgehend) von 2008 bis 2021 in einer Lebensgemeinschaft; die Klägerin wohnte beim Beklagten auf Mietbasis, und der Beklagte trug zahlreiche Lebenshaltungskosten.
- Das Arbeitsverhältnis endete durch Kündigung des Beklagten zum 31.05.2022.
- Der Beklagte schloss Ende 2010 über einen Makler bei der A Lebensversicherung a.G. eine Renten-/Lebensversicherung ab: Versicherungsnehmer war der Beklagte, versicherte Person die Klägerin. Im Antragsformular war der Beklagte als Bezugsberechtigter sowohl für den Ablauf als auch für den Tod der versicherten Person angekreuzt; als Zweck war „Altersvorsorge und Hinterbliebenenversorgung" vermerkt.
- Versicherungsbeginn: 01.02.2011; jährliche Einzahlung: 30.000 €.
- In „Technischen Daten" war ein Rentenbeginn 01.02.2023 mit einer garantierten Monatsrente von 1.352,95 € ausgewiesen.
- In vorangehendem Schriftverkehr/Protokollen des Maklers wird u. a. festgehalten, der Beklagte wolle zu Lebzeiten alle Vertragsrechte behalten und die Klägerin solle erst im Todesfall des Beklagten aus dem Vertrag begünstigt sein.
- Der Beklagte schrieb der Klägerin am 07.01.2011 und 09.01.2012 sinngemäß, es sei eine Lebens-/Rentenversicherung abgeschlossen bzw. weiter finanziert worden, damit sie „nach meinem Ableben" eine Rente erhalte; zugleich stellte er dies unter die Bedingung, dass sie bis zu seinem Ableben für ihn tätig sei.
- Die Klägerin meinte, daraus ergebe sich in der Gesamtschau eine bAV-Zusage (Rentenbeginn zum Erreichen ihres 64. Lebensjahres am 01.02.2023).
- Die Bedingung „bis zu meinem Ableben tätig" sei nicht vereinbart bzw. unwirksam.
- Sie beantragte zunächst Feststellungen zur Gewährung einer Rentenanwartschaft bzw. hilfsweise zur Zahlung einer Betriebsrente (mind. 2.000 €).
- Im Berufungsverfahren stellte sie zuletzt einen Zahlungsantrag auf monatlich 1.352,95 € ab 01.02.2023 (im Tatbestand des LAG-Urteils wurde der Antrag abweichend wiedergegeben).
- Der Beklagte beantragte Klageabweisung und vertrat den Standpunkt, es liege keine bAV, sondern allenfalls ein Versprechen auf den Todesfall vor.
- Motiv sei die Lebensgemeinschaft gewesen.
- Arbeitsgericht und Landesarbeitsgericht wiesen die Klage/ Berufung ab.
- Mit der Revision verfolgte die Klägerin ihr Begehren weiter.

Aus den Entscheidungsgründen:

15 „**Die zulässige Revision der Klägerin ist unbegründet. Das Landesarbeitsgericht hat die Berufung der Klägerin zutreffend zurückgewiesen.**

16 **I. Die Revision ist zulässig. Die Revisionsbegründung setzt sich entgegen der Ansicht des Beklagten mit dem angefochtenen Urteil in ausreichendem Maße auseinander *(zu den Anforderungen BAG 4. Dezember 2024 – 10 AZR 242/23 – Rn. 16; 31. Juli 2018 – 3 AZR 386/17 – Rn. 9)*. Das Landesarbeitsgericht hat seine klageabweisende Entscheidung darauf gestützt, dass der Beklagte weder mit dem Antrag an die Versicherung auf Abschluss eines**

Versicherungsvertrags noch mit den Schreiben vom 7. Januar 2011 und 9. Januar 2012 eine Versorgungszusage nach § 1 BetrAVG erteilt habe. Mit der zugesagten Leistung werde kein biometrisches Risiko der Klägerin abgesichert. Zudem sei die Versorgung im Hinblick auf die Lebensgemeinschaft der Parteien zugesagt worden und nicht – wie von § 1 BetrAVG verlangt – aus Anlass des Arbeitsverhältnisses. Die Revisionsbegründung zeigt auf, dass die Klägerin beide Erwägungen des Landesarbeitsgerichts und dabei insbesondere seine Auslegung der Erklärungen des Beklagten in Frage stellt. Das reicht aus, um die Angriffsrichtung der Revision hinreichend deutlich erkennen zu lassen. Träfen die Rügen zu, wären sie geeignet, die angefochtene Entscheidung zu Fall zu bringen.

17 **II. Die Revision bleibt in der Sache ohne Erfolg. Der im Revisionsverfahren streitgegenständliche Antrag ist zulässig, aber unbegründet.**

18 **1. Dieser Antrag begegnet keinen durchgreifenden Zulässigkeitsbedenken.**

19 a) Der Antrag, nach dessen Wortlaut die Klägerin die Verurteilung des Beklagten zur Zahlung einer monatlichen Mindestrente von 1.368,03 Euro aus der Versicherung mit der Versicherungs-Nr. begehrt, bedarf allerdings der Auslegung *(vgl. zu den Auslegungsgrundsätzen BAG 15. Juli 2020 – 10 AZR 507/18 – Rn. 26 mwN)*. Die Klägerin hat sich lediglich den irrtümlich im Tatbestand des Berufungsurteils wiedergegebenen Antragswortlaut zu Eigen gemacht, ohne damit eine Änderung ihres bisherigen Begehrens vorgenommen zu haben. Dieses ergibt sich aus dem ausweislich des Protokolls über die Berufungsverhandlung am 20. Februar 2024 zuletzt gestellten Antrag, mit dem die Klägerin die Verurteilung des Beklagten zur Zahlung einer monatlichen Betriebsrente iHv. 1.352,95 Euro „ab dem 1. Februar 2023“ (also ab Rentenbeginn mit Erreichen des 64. Lebensjahres) begehrt hat. Der im Tatbestand des Berufungsurteils wiedergegebene Antragswortlaut unterscheidet sich davon. Widersprechen sich – wie hier – die Feststellungen zur Antragstellung im Protokoll der Berufungsverhandlung und im Tatbestand des angefochtenen Urteils, gilt nach § 314 Satz 2 ZPO das Protokoll *(vgl. BAG 9. Februar 2022 – 5 AZR 347/21 – Rn. 15 mwN)*. Gegenstand der Berufungsentscheidung war mithin der auf die Verurteilung zur Zahlung einer monatlichen Betriebsrente iHv. 1.352,95 Euro ab dem 1. Februar 2023 gerichtete Antrag. Die Höhe der monatlichen Rentenzahlung war dabei ausweislich der weiteren Protokollerklärung der Klägerin in der Berufungsverhandlung dem Umstand geschuldet, dass in einer Mitteilung der A Lebensversicherung a.G. als Anlage „Technische Daten“ zu den Versicherungsunterlagen vom 29. Oktober 2010 (gemeint war der 29. Dezember 2010) die garantierte monatliche Altersrente mit 1.352,95 Euro angegeben war. Anhaltspunkte dafür, dass die Klägerin im Revisionsverfahren stattdessen eine höhere Rentenzahlung und diese nur für die Zukunft verlangt, sind nicht ersichtlich. Dieses Antragsverständnis hat sie in der Senatsverhandlung bestätigt.

20 b) Da sich das im Berufungsverfahren zur Entscheidung gestellte Begehren in diesem Verständnis vom Streitgegenstand des Revisionsverfahrens nicht unterscheidet, liegt in der mit der Revision angepassten Antragstellung keine unzulässige Klageänderung im Revisionsverfahren.

21 c) Mit diesem Antragsverständnis ist der Antrag hinreichend bestimmt iSv. § 253 Abs. 2 Nr. 2 ZPO. Auch soweit der Zahlungsantrag in die Zukunft gerichtet ist, beste-

hen keine Zulässigkeitsbedenken. Bei wiederkehrenden Leistungen iSv. § 258 ZPO, die – wie vorliegend – von keiner Gegenleistung abhängen, können grundsätzlich auch künftig fällig werdende Teilbeträge eingeklagt werden, ohne dass die Besorgnis bestehen muss, der Schuldner werde sich der rechtzeitigen Leistung entziehen *(BAG 11. März 2025 – 3 AZR 136/24 – Rn. 14 mwN).*

22 2. Das Landesarbeitsgericht hat die Klage zu Recht für unbegründet erachtet. Seine Annahme, die Klägerin habe keinen Anspruch auf Zahlung der geltend gemachten Betriebsrente, weil sich weder aus dem auf den 29. Dezember 2010 datierten Versicherungsantrag noch aus den Schreiben vom 7. Januar 2011 und 9. Januar 2012 eine Zusage des Beklagten auf Leistungen der betrieblichen Altersversorgung ab dem 1. Februar 2023 ergebe, lässt keinen Rechtsfehler erkennen.

23 a) Dabei kann dahinstehen, ob es sich bei den in diesem Zusammenhang getroffenen Abreden um atypische Willenserklärungen handelt, deren Auslegung durch das Landesarbeitsgericht nur einer eingeschränkten revisionsrechtlichen Überprüfung darauf unterliegt, ob das Berufungsgericht Auslegungsregeln verletzt, gegen Denkgesetze oder Erfahrungssätze verstoßen oder wesentliche Tatsachen unberücksichtigt gelassen hat *(BAG 24. Februar 2021 – 7 AZR 108/20 – Rn. 23)*, oder ob typische Erklärungen vorliegen, deren Auslegung unbeschränkt revisionsgerichtlich überprüfbar ist *(st. Rspr., zB BAG 19. November 2019 – 3 AZR 332/18 – Rn. 18 f.)*. Soweit der Annahme des Landesarbeitsgerichts, der Beklagte habe keine betriebliche Altersversorgung zugesagt, eine Auslegung der Abreden der Parteien bzw. Erklärungen des Beklagten zugrunde liegt, hält dies auch einer uneingeschränkten Überprüfung stand.

24 b) Im Zusammenhang mit dem – von beiden Parteien unterzeichneten – Versicherungsantrag vom 30. Dezember 2010 hat der Beklagte der Klägerin weder ausdrücklich noch konkludent eine Versorgungszusage erteilt, aufgrund derer er verpflichtet wäre, ihr die im Versicherungsvertrag festgelegten Leistungen der betrieblichen Altersversorgung zu verschaffen *(vgl. zum Verschaffungsanspruch BAG 12. März 2024 – 3 AZR 150/23 – Rn. 19 mwN)*. Das Vorliegen einer Versorgungszusage im Durchführungsweg der Direktversicherung setzt das Versprechen einer Lebensversicherung voraus, die vom Arbeitgeber auf das Leben des Arbeitnehmers abgeschlossen wird und aus der der Arbeitnehmer oder seine Hinterbliebenen ganz oder zum Teil bezugsberechtigt sind *(§ 1b Abs. 2 Satz 1 BetrAVG; vgl. BAG 26. Juni 1990 – 3 AZR 641/88 – zu I 1 der Gründe, BAGE 65, 215)*. Daran fehlt es vorliegend. Nach den nicht mit Verfahrensrügen angegriffenen und damit für den Senat nach § 559 ZPO bindenden Feststellungen des Berufungsgerichts ist im Antragsformular der Beklagte als Versicherungsnehmer und die Klägerin als versicherte Person angegeben; unter „Bezugsrecht" ist sowohl unter „Versicherungsablauf" als auch bei „Tod der versicherten Person" als bezugsberechtigte Person der Beklagte durch Ankreuzen eines Auswahlfeldes bestimmt. Soweit die handschriftlichen Angaben im Versicherungsantrag vom 30. Dezember 2010 graphische Ungenauigkeiten aufweisen, ist das Landesarbeitsgericht nach Vernehmung des Zeugen W – unter Würdigung des zwischen dem Beklagten und dem Zeugen W geführten weiteren Schriftverkehrs – zu der Erkenntnis gelangt, dass das unter „Bezugsrecht" angebrachte Kreuz beim Bezugsrecht der Versicherten (also der Klägerin) wieder gestrichen worden und ausschließlich der Beklagte bezugsberechtigt war. Die dem

Landesarbeitsgericht als Tatgericht nach § 286 ZPO vorbehaltene Beweiswürdigung lässt keine Rechtsfehler erkennen *(vgl. zur revisionsrechtlichen Überprüfbarkeit der Beweiswürdigung BAG 28. Juni 2023 – 5 AZR 335/22 – Rn. 22 mwN)*. Revisible Rechtsfehler macht die Klägerin auch mit der Revision nicht geltend. Soweit sie unter Bezugnahme auf die Anlage „Technische Daten" zum Versicherungsantrag vom 30. Dezember 2010 meint, ihr Bezugsrecht sei mit Vollendung des 64. Lebensjahres im Februar 2023 auf den 1. Februar 2023 vereinbart worden, trifft dies nicht zu. Auf diesen Zeitpunkt wurde – mit dem Beklagten zustehendem Bezugsrecht – lediglich der Rentenbeginn festgelegt.

25 c) Ohne Rechtsfehler hat das Landesarbeitsgericht angenommen, dass der Beklagte der Klägerin auch in den Schreiben vom 7. Januar 2011 und 9. Januar 2012 keine Zusage auf Leistungen der betrieblichen Altersversorgung im Sinne von § 1 Abs. 1 Satz 1 BetrAVG in Form einer monatlichen Rentenzahlung iHv. 1.352,95 Euro „aus der Versicherung" bei der A Lebensversicherung a.G. ab dem 1. Februar 2023 erteilt hat.

26 aa) Das Landesarbeitsgericht hat gemeint, der Beklagte habe der Klägerin zwar eine Versorgungszusage erteilt, die zugesagte Versorgungsleistung habe aber erst im Falle seines Ablebens erfolgen sollen. Das lässt keine Rechtsfehler erkennen. Im Schreiben vom 7. Januar 2011 hat der Beklagte der Klägerin zugesagt, die Versicherung werde „so aufgestockt, dass" die Klägerin „eine Rente nach [seinem] Ableben erhalten" werde, die Summe werde aber nur ausgezahlt, wenn die Klägerin bis zu seinem Ableben für ihn tätig sei. Im Schreiben vom 9. Januar 2012 hat der Beklagte gegenüber der Klägerin ausgeführt, man habe auch für 2011 nochmals 30.000,00 Euro in die Versicherung einbezahlt, damit die Klägerin nach seinem Ableben eine auskömmliche Rente erhalte. Die Auszahlung der Versicherungsleistung sollte auch danach – unter der Voraussetzung der Fortsetzung der Tätigkeit der Klägerin für ihn bis zu diesem Zeitpunkt – erst zum Zeitpunkt seines Ablebens erfolgen. Das steht im Einklang mit der Festlegung im Versicherungsvertrag und den Angaben im Schriftverkehr zwischen dem Zeugen W und dem Beklagten, wonach der Beklagte, nicht die Klägerin, bei Versicherungsablauf bezugsberechtigt war. Mit der Zusage ging es dem Beklagten darum, der Klägerin eine Versorgung für die Zeit zukommen zu lassen, in der er durch sein Ableben nicht mehr zu ihrer Versorgung in der Lage sein würde. Die Klägerin kann demnach die begehrte monatliche Rentenzahlung ab dem 1. Februar 2023 auf Grundlage der Zusage des Beklagten bereits deshalb nicht verlangen, weil der Beklagte am Leben ist.

27 bb) Ungeachtet dessen hat der Beklagte auch keine Zusage auf Leistungen der betrieblichen Altersversorgung im Sinne von § 1 Abs. 1 Satz 1 BetrAVG erteilt.

28 (1) Welche Leistungen des Arbeitgebers solche der betrieblichen Altersversorgung sind, ergibt sich aus § 1 Abs. 1 Satz 1 BetrAVG. Die Zusage muss einem Versorgungszweck dienen, die Leistungspflicht nach dem Inhalt der Zusage durch ein im Gesetz genanntes biologisches Ereignis (Alter, Invalidität oder Tod) ausgelöst werden, und es muss sich um die Zusage eines Arbeitgebers aus Anlass eines Arbeitsverhältnisses handeln *(st. Rspr., vgl. BAG 28. Oktober 2008 – 3 AZR 317/07 – Rn. 21 mwN, BAGE 128, 199)*.

29 (2) Da die Zusage des Beklagten den Inhalt hat, dass die Klägerin Ansprüche nur im Falle seines Ablebens erwerben soll, handelt es sich schon deshalb nicht um eine

unter das BetrAVG fallende Versorgungszusage, weil das versicherte biometrische Risiko (Ableben des Beklagten) – ungeachtet des Umstands, dass es sich bislang nicht realisiert hat – nicht die Klägerin betrifft. Die Abdeckung dieses Risikos ist keine betriebliche Altersversorgung iSd. BetrAVG. Allein das Erreichen eines bestimmten Lebensalters der Klägerin führt – entgegen ihrer Ansicht – nach dem Inhalt der Zusage gerade nicht zu Versorgungsansprüchen. Auf die Frage, ob die Zusage aus Anlass des Arbeitsverhältnisses erfolgte, kommt es damit ebenso wenig an wie auf die Vereinbarkeit der weiteren Bedingung – Fortsetzung der Tätigkeit für den Beklagten bis zu dessen Ableben – mit dem BetrAVG oder anderen Rechtsvorschriften.

30 c) Eine Gesamtschau der Erklärungen des Beklagten führt zu keinem anderen Ergebnis. Diese waren allesamt auf eine Versorgung der Klägerin allein für den Fall seines Ablebens gerichtet. Aus ihrer Gesamtschau vermag sich daher kein anderer Erklärungswert zu ergeben.

31 III. Die Kostenentscheidung folgt aus § 97 Abs. 1 ZPO."

2.2 Betriebliche Altersversorgung – Berechnung einer Betriebsrente – Gesamtbetriebsvereinbarung – Abzug fiktiver Kirchensteuer

BAG Entscheidung vom 21. Januar 2025 – 3 AZR 100/24

Dem dritten Senat zur Entscheidung vorgelegt:

Der dritte Senat des Bundesarbeitsgerichts hatte im Revisionsverfahren über die Frage zu entscheiden, ob bei der Berechnung der Betriebsrente nach der Gesamtbetriebsvereinbarung 1992 das für die Nettoobergrenze maßgebliche Nettoeinkommen fiktiv unter pauschalem Abzug auch einer (fiktiven) Kirchensteuer zu ermitteln ist – und zwar unabhängig davon, ob der Versorgungsempfänger kirchensteuerpflichtig ist.

Tenor des Urteils:

- *Die Revision des Klägers gegen das Urteil des Landesarbeitsgerichts Düsseldorf vom 13. März 2024 – 12 Sa 738/23 – wird zurückgewiesen.*
- *Der Kläger hat die Kosten der Revision zu tragen.*

Redaktionell zusammenfassende Leitsätze zu den zentralen rechtlichen Überlegungen und Feststellungen der Entscheidung des Gerichts:

1. Bei der in Nr. 2.6.2 Abs. 3 GBV 1992 vorgesehenen „fiktiven" Nettoeinkommensberechnung ist – abgesehen von der individuellen Bruttobasis – nicht auf die persönlichen steuerlichen Verhältnisse des jeweiligen Versorgungsempfängers abzustellen; die Regelung arbeitet bewusst typisierend zur Verwaltungsvereinfachung.
2. Der in Nr. 2.6.2 Abs. 3 Satz 2 GBV 1992 vorgesehene Abzug „der Steuern" (Plural) erfasst neben der Lohn-/Einkommensteuer auch die Kirchensteuer; sie ist daher pauschal vom Bruttoeinkommen abzuziehen – unabhängig davon, ob der Versorgungsempfänger kirchensteuerpflichtig ist.
3. Die Bezugnahme auf die „Lohnsteuertabelle" und die Steuerklasse III/0 dient der einheitlichen Berechnungsgrundlage und bedeutet keine Beschränkung des Steuerabzugs allein auf die Lohnsteuer; zudem knüpft die Kirchensteuer als Zuschlag an die festgesetzte Einkommen-/Lohnsteuer an.
4. Dass Nr. 2.7.3 Satz 3 GBV 1992 bei Änderungen „gesetzlicher Abgaben" eine Neuberechnung anordnet, spricht systematisch dafür, alle gesetzlichen Abgaben einschließlich Kirchensteuer einzubeziehen; unterschiedliche Kirchensteuersätze der Länder stehen dem nicht entgegen, weil für den Lohnsteuerabzug das Betriebsstättenprinzip maßgeblich ist.
5. Die pauschalierende Nettoregelung ist hinreichend bestimmt und als Typisierung bei nettoentgeltbezogenen Obergrenzen zulässig; sie verletzt weder Art. 14 GG (Schutz nur im Rahmen der zugesagten Begrenzung) noch Art. 4 GG/§ 75 BetrVG (keine Beeinträchtigung negativer Religionsfreiheit) noch Art. 3 GG (sachlich gerechtfertigte Gleichbehandlung zur Praktikabilität).

Zum Tatbestand:

- Die Parteien streiten über die Höhe der Betriebsrente (Zusatzversorgung) des Klägers.
- Der Kläger (geb. Januar 1952) war seit August 1968 bei der Rechtsvorgängerin beschäftigt.
- Für die Beschäftigten galt eine Gesamtbetriebsvereinbarung über Zusatzversorgungsleistungen vom 26. Mai 1992 (GBV 1992).

- Die GBV 1992 enthält u. a. eine Gesamtversorgungsobergrenze (75% des versorgungsfähigen Einkommens, maximal 100% des Nettoeinkommens) und regelt, dass dieses Nettoeinkommen „fiktiv“ aus dem zuletzt bezogenen Bruttoeinkommen berechnet wird, indem pauschal bestimmte Abzüge (Steuern, Sozialversicherungsanteile etc.) vorgenommen werden.
- Das Arbeitsverhältnis ging 2010 im Wege eines Betriebsübergangs auf die Beklagte über; der Kläger war bereits 1977 aus der Kirche ausgetreten.
- Seit dem Ausscheiden zum 31. März 2016 bezieht der Kläger neben gesetzlicher Rente und BVV-Rente von der Beklagten eine monatliche Zusatzversorgung, die mehrfach angepasst wurde.
- Bei der Berechnung des fiktiven Nettoeinkommens zog die Beklagte u. a. fiktive Kirchensteuer (hier: 72,36 Euro) ab. In demselben Verfahren wurde die Beklagte bereits (rechtskräftig) zur Nachzahlung verurteilt, weil sie zuvor zu Unrecht Pflegeversicherungsbeiträge abgezogen hatte.
- Der Kläger verlangte darüber hinaus eine weitere Erhöhung der Zusatzversorgung (für 1. April 2016 bis 28. Februar 2023), weil bei einem nicht kirchensteuerpflichtigen Versorgungsempfänger keine Kirchensteuer abzuziehen sei; daraus ergebe sich eine höhere Nettoobergrenze und ein Mehranspruch.
- Die Beklagte hielt dem entgegen, die GBV 1992 sehe einen pauschalen Abzug vor, der auch die Kirchensteuer umfasse.
- Arbeitsgericht und Landesarbeitsgericht wiesen die weitergehende Klage/ Berufung ab.
- Mit der Revision verfolgte der Kläger den Anspruch weiter.

Aus den Entscheidungsgründen:

9 **„Die Revision des Klägers bleibt ohne Erfolg. Das Landesarbeitsgericht hat die Berufung des Klägers gegen das Urteil des Arbeitsgerichts zu Recht zurückgewiesen. Die zulässige Klage ist unbegründet. Der Kläger hat keinen Anspruch gegen die Beklagte auf die mit der Klage geltend gemachte Zahlung weiterer Zusatzversorgung iHv. 70,91 Euro monatlich für den Zeitraum 1. April 2016 bis 28. Februar 2023.**

10 I. Die Versorgungsrechte des Klägers richten sich nach der GBV 1992. Nach Nr. 2.8.2, 2.6 GBV 1992 iVm. § 6 BetrAVG hat der Kläger ab dem 1. April 2016 Anspruch gegen die Beklagte auf Zahlung einer Zusatzversorgung, weil er ab diesem Zeitpunkt (vorzeitige) Rente aus der gesetzlichen Rentenversicherung bezieht. Dieser Anspruch besteht nach Nr. 2.6.2 Abs. 1 GBV 1992 sinngemäß insoweit, wie zusammen mit der Rente aus der gesetzlichen Rentenversicherung und der BVV-Rente nicht mehr als 75 % des versorgungsfähigen Einkommens nach Nr. 2.5 GBV 1992, höchstens jedoch 100 % des Nettoeinkommens erreicht werden. Die Berechnung des Nettoeinkommens für die Anwendung der in Nr. 2.6.2 Abs. 1 GBV 1992 genannten Obergrenze erfolgt wiederum „fiktiv“ nach Maßgabe von Nr. 2.6.2 Abs. 3 GBV 1992. Dies und die Berechnung der Zusatzversorgungsleistung steht zwischen den Parteien – abgesehen von der Frage der Berücksichtigung der Kirchensteuer bei den zur Ermittlung des Nettoeinkommens nach Nr. 2.6.2 Abs. 3 Satz 2 GBV 1992 vorzunehmenden Abzügen – nicht (mehr) im Streit.

11 **II. Das Landesarbeitsgericht hat zutreffend erkannt, dass bei der Berechnung des fiktiven Nettoeinkommens nach Nr. 2.6.2 Abs. 3 GBV 1992 neben der Einkommensteuer – unabhängig von der individuellen Zugehörigkeit der Versorgungsempfänger zu einer steuererhebenden Kirche – pauschal auch die Kirchensteuer vom Bruttoeinkommen abzuziehen ist. Das ergibt die Auslegung von Nr. 2.6.2 Abs. 3 GBV 1992 *(zu den Grundsätzen zur Auslegung einer Betriebsvereinbarung BAG 21. November 2023 – 3 AZR 14/23 – Rn. 10, BAGE 182, 155; 8. März 2022 – 3 AZR 420/21 – Rn. 24).***

12 1. **Ohne Rechtsfehler hat das Landesarbeitsgericht im Ausgangspunkt angenommen, dass für die Berechnung des fiktiven Nettoeinkommens nicht auf die konkreten Verhältnisse des einzelnen Versorgungsberechtigten (hier des Klägers) abzustellen ist.** Zwar wird das Nettoeinkommen nach Nr. 2.6.2 Abs. 3 Satz 1 GBV 1992 nach dem „zuletzt bezogenen regelmäßigen monatlichen Bruttoeinkommen für die tarifliche Arbeitszeit" berechnet. Damit stellt die Regelung allerdings nur im Hinblick auf die Berechnungsgrundlage auf die individuellen Umstände des Versorgungsberechtigten ab. Im Übrigen gibt Nr. 2.6.2 Abs. 3 Satz 2 GBV 1992 – zur Verringerung des bei Berücksichtigung der individuellen Verhältnisse größeren Verwaltungsaufwands – einen pauschalierenden und typisierenden Ansatz vor *(zum Vereinfachungszweck einer pauschalierend zu berechnenden nettoeinkommensbezogenen Obergrenze vgl. BAG 17. Januar 2012 – 3 AZR 555/09 – Rn. 68; 20. Februar 2001 – 3 AZR 252/00 – zu I 2 B der Gründe).* Das wird daran deutlich, dass die Steuern „einheitlich" abgezogen werden und – unabhängig von der individuellen Situation – die Steuerklasse III ohne Kinderfreibeträge anzusetzen ist. Zudem ist der Krankenversicherungsbeitrag – ebenfalls unabhängig von den persönlichen Umständen – nach dem durchschnittlichen Beitragssatz der Ortskrankenkassen und auch dann in Abzug zu bringen, wenn keine Versicherungspflicht bestand. Danach scheidet ein Verständnis von Nr. 2.6.2 Abs. 3 Satz 2 GBV 1992 dahingehend, dass ein Abzug von Kirchensteuer in Abhängigkeit von der individuellen Zugehörigkeit zu einer steuererhebenden Kirche und damit von der persönlichen Kirchensteuerpflicht zu erfolgen bzw. zu unterbleiben hat, aus. Diese Sichtweise teilt nunmehr auch der Kläger.

13 2. Auch die weitere Annahme des Landesarbeitsgerichts, die in Nr. 2.6.2 Abs. 3 Satz 2 GBV 1992 genannten Abzugsposten zur Berechnung des bei der nettoentgeltbezogenen Obergrenze zu berücksichtigenden Nettoeinkommens umfassten pauschal neben der Lohnsteuer auch die Kirchensteuer, ist nicht zu beanstanden.

14 a) Bereits der Wortlaut spricht maßgeblich für dieses Verständnis. Die Regelung erwähnt „die Steuern" im Plural und beschränkt sich nicht etwa auf die „Lohnsteuer", die „Lohnsteuern" oder gar ausdrücklich die „Lohnsteuer (ohne Kirchensteuer)" *(so zB in dem BAG 8. Dezember 2020 – 3 AZR 437/18 – zugrunde liegenden Sachverhalt).* Eine derartige Konkretisierung wäre – sollte ein Kirchensteuerabzug auch bei bestehender Zugehörigkeit zu einer steuererhebenden Kirche zu unterbleiben haben – hingegen zu erwarten gewesen, weil der Abzug der Kirchensteuer vom individuellen Bruttoverdienst jedenfalls im Zeitpunkt des Zustandekommens der GBV 1992 einen gewöhnlich anfallenden Abzug darstellte *(vgl. BVerfG 22. Juli 2002 – 1 BvR 131/95 – zu II 2 der Gründe; zur prozentualen Entwicklung kirchenzugehöriger Arbeitnehmer seit 1983 BVerfG 15. April 2005 – 1 BvR 952/04 – zu I 3 sowie II 2 b der Gründe).* Zwar enthält Nr. 2.6.2 Abs. 3 Satz 2 GBV 1992 in Bezug auf den Krankenversicherungsbeitrag eine ausdrückliche Regelung des Inhalts, dass der Abzug

auch dann erfolgt, wenn keine Versicherungspflicht bestand. Das Fehlen einer entsprechenden Regelung auch für die Kirchensteuer ist angesichts des übrigen Normwortlauts aber unschädlich. Auch der Umstand, dass „die Steuern einheitlich nach der Steuerklasse III/0 der Lohnsteuertabelle (Monatslohn)“ abgezogen werden, lässt – entgegen der Ansicht des Klägers – nicht darauf schließen, dass die steuerlichen Abzüge auf die (in den amtlichen Lohnsteuertabellen lediglich aufgeführte, vgl. § 38c EStG in der bis zum 31. Dezember 2000 geltenden Fassung) Lohnsteuer beschränkt sein sollte. Die Erwähnung der Lohnsteuertabelle bezieht sich auf die Ansetzung der Steuerklasse III/0, regelt aber keine Beschränkung des Steuerabzugs an sich. Zudem sind die Lohnsteuertabellen auch für die Berechnung der Kirchensteuer von Bedeutung. Diese wird als Zuschlag von der festgesetzten Lohnsteuer erhoben (vgl. etwa § 4 Abs. 1 Nr. 1 Buchst. a des Gesetzes über die Erhebung von Kirchensteuern im Land Nordrhein-Westfalen – KiStG NW), Bemessungsgrundlage ist grundsätzlich die anhand des zu versteuernden Einkommens zu berechnende Einkommensteuer *(vgl. § 4 Abs. 2 KiStG NW iVm. § 51a Abs. 1, 2 EStG; die Kirchensteuer wird daher auch als „Kircheneinkommensteuer“ bezeichnet, vgl. BFH 5. Oktober 2021 – I B 65/19 – Rn. 5; 5. Februar 2003 – I B 51/02 – zu 1 der Gründe).*

15 b) Systematische Erwägungen bestätigen diesen Befund.

16 aa) Nach Nr. 2.7.3 Satz 3 GBV 1992 wird das Nettoeinkommen neu berechnet, wenn sich „die gesetzlichen Abgaben gemäß Ziffer 2.6.2 geändert“ haben. Zu den gesetzlichen Abgaben gehört unzweideutig auch die auf entsprechenden landesgesetzlichen Regelungen beruhende Kirchensteuer. Das spricht dafür, bei der Berechnung des Nettoeinkommens sämtliche Steuern zu berücksichtigen, von denen die Kirchensteuer eine ist.

17 bb) Der Umstand, dass die Steuersätze für die zu erhebende Kirchensteuer je nach Wohnsitz des Arbeitnehmers in den Bundesländern variieren (gegenwärtig 8 % der festgesetzten Einkommensteuer in Bayern und Baden-Württemberg bzw. 9 % in allen anderen Bundesländern) erfordert hingegen aus systematischen Gründen kein Verständnis der Berechnungsregelung dahin, dass ein Kirchensteuerabzug pauschal zu unterbleiben hat. Insbesondere bedurfte es – entgegen der Auffassung des Klägers – auch bei einem pauschalen Abzug der Kirchensteuer in Nr. 2.6.2 Abs. 3 Satz 2 GBV 1992 keines Hinweises auf den konkreten Kirchensteuersatz oder gar einer Festlegung eines durchschnittlichen Steuersatzes. Der anzusetzende Kirchensteuersatz ist durch die Festlegung der Steuerklasse III/0 hinreichend deutlich auch für die Kircheneinkommensteuer definiert. Für den Kirchensteuerabzug vom Einkommen gilt das Betriebsstättenprinzip, weshalb der Arbeitgeber die Kirchensteuer nach den für die Betriebsstätten maßgeblichen Steuersatz einzubehalten hat und zwar auch dann, wenn der Arbeitnehmer in einem anderen Bundesland mit einem ggf. anderen Steuersatz wohnt *(vgl. OVG Lüneburg 17. Juli 1991 – 13 L 96/89 – zu 2 c der Gründe; Wirfler in Beck'sches Steuer- und Bilanzrechtslexikon Stand Januar 2024 Kirchensteuer Rn. 20).* Betriebsstätte im lohnsteuerlichen Sinne ist gemäß § 41 Abs. 2 Satz 1 EStG der Betrieb oder Teil des Betriebs des Arbeitgebers, in dem der für die Durchführung des Lohnsteuerabzugs maßgebende Arbeitslohn insgesamt ermittelt wird. Aufgrund des Sitzes der Beklagten in M ist daher der in Nordrhein-Westfalen geltende Kirchensteuersatz iHv. 9 % bei der pauschalen Bestimmung der Nettolohnobergrenze zu berücksichtigen, ohne dass es auf die persönliche Situation der Versorgungsberechtigten ankommt.

18 c) Sinn und Zweck von Nr. 2.6.2 GBV 1992 erfordern keine pauschale – von der individuellen Zugehörigkeit zu einer steuererhebenden Kirche unabhängige – Nichtberücksichtigung der Kirchensteuer bei der nach Abs. 3 der Regelung vorzunehmenden Nettoentgeltberechnung. Die nettoentgeltbezogene Gesamtversorgungsobergrenze in Nr. 2.6.2 Abs. 1 GBV 1992 dient der Festlegung, in welchem Umfang das mit Eintritt in den Ruhestand bedarfsorientierte Einkommen abgesichert werden soll *(vgl. BAG 28. Juli 1998 – 3 AZR 100/98 – zu B I 3 a bb der Gründe, BAGE 89, 262)* und soll zugleich eine planwidrige Überversorgung vermeiden. Das muss gerade nicht in der Weise geschehen, dass eine im aktiven Arbeitsverhältnis (im Zeitpunkt des Zustandekommens der Betriebsvereinbarung) weit verbreitete und übliche gesetzliche Abgabe wie die Kirchensteuer bei der Berechnung der Nettoentgeltobergrenze außen vor bleibt. Das Ziel, den bisherigen Lebensstandard für die Betriebsrentner im Rahmen einer pauschalierenden Betrachtung abzusichern, spricht vielmehr dafür, diejenigen Abzüge, die einen typischen Arbeitnehmer treffen, auch für die Berechnung des begrenzenden Nettoeinkommens heranzuziehen. Zwar wird das Versorgungsziel desto genauer erreicht, je mehr bei den gesetzlichen Abgaben auf den Einzelfall abgestellt wird. Andererseits ist der Verwaltungsaufwand aber umso größer, je mehr die individuellen Verhältnisse berücksichtigt werden *(vgl. BAG 17. Januar 2012 – 3 AZR 555/09 – Rn. 68).* Die Festlegung der vom Einzelfall losgelösten pauschalierenden Berechnung des fiktiven Nettoeinkommens in Nr. 2.6.2 Abs. 3 GBV 1992 soll mithin den Verwaltungsaufwand durch Vermeidung der Abklärung individueller Umstände für die Steuerpflicht begrenzen und damit zur Praktikabilität der Regelung beitragen. Dieser Zweck wiederum erfordert die Ablösung von der persönlichen Situation Einzelner.

19 d) Eine entgegenstehende Vollzugspraxis der Beklagten bzw. ihrer Rechtsvorgängerin *(vgl. zu diesem Kriterium etwa BAG 21. November 2023 – 3 AZR 1/23 – Rn. 42, BAGE 182, 137)* ist nicht gegeben. Diese zutreffende Annahme des Landesarbeitsgerichts hat der Kläger mit der Revision nicht mehr in Frage gestellt.

20 III. Die Regelung zur Berechnung des fiktiven Nettoentgelts in Nr. 2.6.2 Abs. 3 Satz 2 GBV 1992 ist wirksam.

21 1. Die Unwirksamkeit der Regelung folgt nicht aus ihrer fehlenden Bestimmtheit.

22 a) Die in einer Betriebsvereinbarung enthaltenen Normen (§ 77 Abs. 4 Satz 1 BetrVG) müssen dem Gebot der Bestimmtheit und Normenklarheit als Ausfluss des Rechtsstaatsprinzips genügen *(vgl. BAG 2. Dezember 2021 – 3 AZR 212/21 – Rn. 33; 26. Juni 2019 – 5 AZR 452/18 – Rn. 22, BAGE 167, 158; 11. Dezember 2018 – 1 ABR 12/17 – Rn. 18 mwN, BAGE 164, 239).* Hieran sind die Betriebsparteien über § 75 Abs. 1 BetrVG gebunden. Schließen Regelungen Ansprüche aus bzw. schränken sie solche ein, muss dies hinreichend erkennbar und eindeutig beschrieben sein. Dies gilt auch und gerade für Bestimmungen über Leistungen der betrieblichen Altersversorgung *(BAG 2. Dezember 2021 – 3 AZR 212/21 – aaO).* Lassen die Regelungen eine klare Inhaltsbestimmung nicht zu, sind sie unwirksam und bleiben normativ wirkungslos *(vgl. BAG 30. Januar 2019 – 5 AZR 450/17 – Rn. 85, BAGE 165, 168; 26. Mai 2009 – 1 ABR 12/08 – Rn. 17).*

23 b) Diesen Anforderungen genügt Nr. 2.6.2 Abs. 3 Satz 2 GBV 1992. Es kann daher dahinstehen, welche Rechtsfolgen mit einer etwaigen Unwirksamkeit der Regelung, auf die sich der Kläger auch nicht ausdrücklich beruft, verbunden wären.

Der Regelungsgehalt der Nettoberechnungsregelung lässt nach ihrem Wortlaut nicht etwa mannigfache Deutungsmöglichkeiten zu, die sich mit einer Vielzahl denkbarer Inhalte ausfüllen ließen, er ist vielmehr – wie dargelegt – durch Auslegung ermittelbar und damit hinreichend klar *(vgl. zu diesem Kriterium BAG 26. Juni 2019 – 5 AZR 452/18 – Rn. 24, BAGE 167, 158; 18. Mai 2010 – 3 AZR 80/08 – Rn. 20).*

24 2. Auch die in Nr. 2.6.2 Abs. 3 Satz 2 GBV 1992 vorgegebene pauschalierende Berechnungsweise ist unbedenklich. Bei einer nettoentgeltbezogenen Obergrenze sind Typisierungen, Pauschalisierungen und Generalisierungen zulässig. Für welchen Weg sich der Arbeitgeber entscheidet, ist eine Zweckmäßigkeitsfrage. Eine solche pauschale Berechnungsweise ist sinnvoll und erhöht die Praktikabilität der Regelung *(vgl. BAG 17. Januar 2012 – 3 AZR 555/09 – Rn. 68; 13. November 2007 – 3 AZR 455/06 – Rn. 31, BAGE 125, 11).*

25 3. Nr. 2.6.2 Abs. 3 Satz 2 GBV 1992 widerspricht in dem hiesigen Verständnis auch nicht grundrechtlichen Wertungen.

26 a) Nach § 75 Abs. 1, Abs. 2 Satz 1 BetrVG sind die Betriebsparteien beim Abschluss von Betriebsvereinbarungen zur Wahrung der grundrechtlich geschützten Freiheitsrechte verpflichtet. Sie haben dabei u. a. die durch Art. 14 Abs. 1 GG geschützte Eigentumsgarantie zu beachten *(BAG 20. Februar 2019 – 7 ABR 40/17 – Rn. 50; 30. Januar 2019 – 5 AZR 442/17 – Rn. 75, BAGE 165, 132; 24. Oktober 2017 – 1 AZR 846/15 – Rn. 24 mwN).* Der Schutzbereich der Eigentumsgarantie des Art. 14 Abs. 1 GG ist durch Nr. 2.6.2 Abs. 3 GBV 1992 allerdings nicht berührt. Zwar schützt die Eigentumsgarantie auch unverfallbare Anwartschaften auf eine betriebliche Altersversorgung sowie Betriebsrentenansprüche der Versorgungsempfänger *(BAG 15. Oktober 2013 – 3 AZR 707/11 – Rn. 55; BVerfG 17. Dezember 2012 – 1 BvR 488/10, 1 BvR 1047/10 – Rn. 22).* Dieser Schutz reicht jedoch nur so weit, wie Ansprüche bereits bestehen; er verschafft diese nicht. Wie weit der Eigentumsschutz reicht, hängt damit vom Inhalt der Versorgungszusage ab. Eine über die eingeräumten Ansprüche hinausgehende Rechtsposition gewährleistet Art. 14 Abs. 1 GG nicht *(BAG 15. Oktober 2013 – 3 AZR 707/11 – Rn. 55 mwN).* Vorliegend ist der Zusatzversorgungsanspruch nach dem Inhalt der GBV 1992 auf 100 % des fiktiv nach Nr. 2.6.2 Abs. 3 GBV 1992 zu berechnenden Nettoeinkommens begrenzt, wobei vom zugrunde zu legenden Bruttoeinkommen pauschal und unabhängig von der individuellen Zugehörigkeit zu einer steuererhebenden Kirche ua. Kirchensteuer in Abzug zu bringen ist. Nur insoweit und nicht darüber hinausgehend unterfällt der Anspruch damit dem Schutzbereich des Art. 14 Abs. 1 GG.

27 b) Nr. 2.6.2 Abs. 3 Satz 2 GBV 1992 benachteiligt die Versorgungsberechtigten, die nicht Mitglied einer steuererhebenden Kirche sind, auch nicht entgegen § 75 Abs. 1 BetrVG, Art. 4 Abs. 1 GG aus Gründen ihrer Religion. Die negative Religionsfreiheit der betroffenen Versorgungsberechtigten ist durch die fiktive Berücksichtigung der Kirchensteuer als pauschaler Abzugsposten bei der Berechnung der Nettoobergrenze nicht beeinträchtigt. Die Berücksichtigung der Kirchensteuer erfolgt ohne Rücksicht darauf, ob der Versorgungsempfänger in seinem früheren Beschäftigungsverhältnis Kirchensteuer entrichtet hat oder nicht. Die Regelung gibt also weder einen Anreiz, aus einer Kirche auszutreten, noch einen Anreiz, die Mitgliedschaft in einer Kirche anzustreben *(vgl. zur pauschalen Berücksichtigung der Kirchensteuer als fiktivem Abzugsposten bei der Berechnung des Arbeitslosengeldes BVerfG 23. März*

1994 – 1 BvL 8/85 – zu C II 1 der Gründe, BVerfGE 90, 226). Die Regelung hat auch nicht zur Folge, dass die Versorgungsempfänger, die keiner steuererhebenden Kirche angehören, mit Beträgen belastet werden, die einer Kirche zugutekommen *(vgl. zu diesem Kriterium BVerfG 15. April 2005 – 1 BvR 952/04 – zu II 2 a der Gründe).*

28 c) Auch der betriebsverfassungsrechtliche Gleichbehandlungsgrundsatz, dem wiederum der allgemeine Gleichheitssatz des Art. 3 Abs. 1 GG zugrunde liegt *(BAG 20. Februar 2019 – 7 ABR 40/17 – Rn. 50),* ist nicht verletzt. Soweit der Abzug der Kirchensteuer bei der Bestimmung der nettoentgeltbezogenen Obergrenze nach Nr. 2.6.2 Abs. 3 Satz 2 GBV 1992 bei allen Versorgungsberechtigten gleichermaßen erfolgt, fehlt es bereits an einer Ungleichbehandlung iSv. Art. 3 Abs. 1 GG. Auch eine sachwidrige Gleichbehandlung von Ungleichem liegt nicht vor. Die Pauschalierung der Berechnung der Nettolohnobergrenze unter Abzug auch fiktiver Kirchensteuer dient vielmehr in nicht zu beanstandender Weise der Verwaltungsvereinfachung.

29 IV. Die Beklagte hat bei der Berechnung der Zusatzversorgungsansprüche des Klägers mithin zur Ermittlung des fiktiven Nettoeinkommens zu Recht 72,36 Euro Kirchensteuer in Abzug gebracht. Die im Revisionsverfahren allein noch geltend gemachte Differenz von insgesamt weiteren 5.885,53 Euro steht dem Kläger nicht zu, weil sein Anspruch für die Zeit vom 1. April 2016 bis zum 28. Februar 2023 durch die erfolgten Zahlungen und den weiteren Zuspruch durch das Arbeitsgericht erfüllt ist.

30 V. Die Kostenentscheidung folgt aus § 97 Abs. 1 ZPO."

3. Anspruch auf betriebliche Altersversorgung

3.1 Invaliditätsversorgung – Aufstockungsbetrag bei Postbeschäftigungsunfähigkeit – Tarifvertragsauslegung – Ruhenstatbestand

BAG Entscheidung vom 24. Juni 2025 – 3 AZR 157/24

Dem dritten Senat zur Entscheidung vorgelegt:

Der dritte Senat des Bundesarbeitsgerichts hatte im Revisionsverfahren über die Frage zu entscheiden, ob der Anspruch einer wegen Postbeschäftigungsunfähigkeit Betriebsrente beziehenden Arbeitnehmerin auf den tariflichen Aufstockungsbetrag nach § 5 Abs. 5 Buchst. d TV BZV ruht, wenn die Deutsche Rentenversicherung eine Erwerbsminderungsrente aus versicherungsrechtlichen Gründen ablehnt, weil die Betroffene ihre Anwartschaft nicht „erforderlichenfalls" durch freiwillige Beiträge aufrechterhalten hat, und ob es hierfür auf eine fiktive Prüfung weiterer möglicher Ablehnungsgründe ankommt.

Tenor des Urteils:

- *Die Revision der Klägerin gegen das Urteil des Landesarbeitsgerichts Hamburg vom 9. April 2024 – 4 Sa 37/23 – wird zurückgewiesen.*
- *Die Klägerin hat die Kosten der Revision zu tragen.*

Leitsatz des Gerichts:

Nach § 5 Abs. 5 Buchst. d des Tarifvertrags zur Regelung des Besitzstandes aus der bisherigen VAP-Zusatzversorgung (TV BZV) vom 28. Februar 1997 ruht der Anspruch auf einen Aufstockungsbetrag zur Rente wegen Postbeschäftigungsunfähigkeit, solange und soweit dem Betriebsrentenempfänger die Rente aus der gesetzlichen Rentenversicherung aus versicherungsrechtlichen Gründen abgelehnt wird, weil er der Verpflichtung zur Aufrechterhaltung der gesetzlichen Rente nicht nachgekommen ist, ohne dass es auf eine fiktive Betrachtung ankommt, ob auch aus anderen Gründen kein Rentenanspruch bestanden hätte.

Wichtige redaktionell zusammengefasste Leitsätze zu den zentralen rechtlichen Überlegungen und Feststellungen der Entscheidung des Gerichts:

1. Nach § 5 Abs. 5 Buchst. d TV BZV ruht der Anspruch auf den Aufstockungsbetrag, solange und soweit die Deutsche Rentenversicherung eine Rente aus der gesetzlichen Rentenversicherung aus versicherungsrechtlichen Gründen ablehnt, weil der Betriebsrentenempfänger seiner Pflicht zur Aufrechterhaltung der gesetzlichen Rentenanwartschaft (ggf. durch freiwillige Beiträge) nicht nachgekommen ist.
2. Für die Anwendung des Ruhenstatbestand ist allein auf den Rentenbescheid und dessen Begründung abzustellen; es kommt nicht darauf an, ob bei rechtzeitig gezahlten freiwilligen Beiträgen die Rente möglicherweise aus anderen (zB gesundheitlichen) Gründen dennoch nicht bewilligt worden wäre.
3. Das Merkmal „erforderlichenfalls" in § 5 Abs. 3 Satz 3 TV BZV bezieht sich auf die Notwendigkeit freiwilliger Beiträge zur Sicherung der versicherungsrechtlichen Voraussetzungen, nicht auf eine materiell-rechtliche Vorprüfung der Erwerbsminderung; damit wird zugleich die Praktikabilität gewahrt und der subsidiäre Charakter des Aufstockungsbetrags gegenüber gesetzlichen Rentenleistungen abgesichert.

4. Eine teleologische Reduktion/ergänzende Tarifauslegung zur „Widerlegung" des Ruhens scheidet mangels Regelungslücke aus; ebenso stehen Grundrechte (insb. Art. 14, 12 GG) dem Ergebnis nicht entgegen, und § 5 Abs. 2 Satz 2 BetrAVG sowie § 28 Abs. 3 VVG greifen im Streitfall nicht durch.

Zum Tatbestand:

- Im Tatbestand geht es um eine ehemalige Angestellte der Deutschen Post AG (Jg. 1957), die von 1979 bis 30. Juni 2013 im Innendienst beschäftigt war.
- Auf das Arbeitsverhältnis fand kraft Bezugnahme der TV BZV (Tarifvertrag zur Regelung des Besitzstandes aus der bisherigen VAP-Zusatzversorgung) Anwendung.
- Nach längerer Erkrankung wurde bei ihr im Januar 2013 Postbeschäftigungsunfähigkeit betriebsärztlich festgestellt.
- Die Klägerin beantragte daraufhin Betriebsrente nach TV BZV und erhielt ab 1. Juli 2013 eine Betriebsrente, einen Besitzstandsbetrag sowie zusätzlich einen Aufstockungsbetrag.
- Parallel stellte die Klägerin mehrfach Anträge auf Erwerbsminderungsrente bei der Deutschen Rentenversicherung.
- 2013 und 2014 wurden diese zunächst aus medizinischen Gründen abgelehnt (sie könne noch mindestens sechs Stunden täglich auf dem allgemeinen Arbeitsmarkt arbeiten).
- Spätere Anträge (2016 und 2017) lehnte der Rentenversicherungsträger dann aus versicherungsrechtlichen Gründen ab, weil die Klägerin die erforderlichen Pflichtbeitragszeiten nicht erfüllte und keine freiwilligen Beiträge geleistet hatte.
- Die Beklagte forderte sie wiederholt auf, Nachweise über freiwillige Beiträge vorzulegen, und stellte schließlich den Aufstockungsbetrag ab 1. Dezember 2017 unter Hinweis auf den Rentenbescheid ein.
- Die Klägerin verlangte daraufhin für den Zeitraum 1. Januar 2018 bis 31. August 2020 die Zahlung rückständiger Aufstockungsbeträge (insgesamt 20.140,32 Euro brutto zzgl. Zinsen) und meinte u. a., § 5 Abs. 5 Buchst. d TV BZV müsse eine „Widerlegung" des Kausalzusammenhangs zulassen bzw. sei verfassungswidrig.
- Arbeitsgericht und Landesarbeitsgericht wiesen die Klage ab.
- Mit der Revision verfolgte sie die Zahlungsansprüche weiter.

Aus den Entscheidungsgründen:

12 **„Die Revision der Klägerin hat keinen Erfolg. Sie ist zwar zulässig, aber unbegründet.**

13 **I. Die Revision ist zulässig, insbesondere ausreichend begründet. Auch unter Berücksichtigung des Umstands, dass das Berufungsgericht die Begründung des Arbeitsgerichts in Bezug genommen hat, setzt sich die Revision ausreichend mit den Erwägungen des Berufungsurteils auseinander *(vgl. zu den Anforderungen BAG 26. Mai 2025 – 10 AZR 240/24 – Rn. 9)*. Die Klägerin macht eine abweichende Auslegung des § 5 Abs. 5 Buchst. d TV BZV geltend. Zwar hat sich das Arbeitsgericht auch mit einem Ausschluss des Anspruchs der Klägerin wegen eines Verstoßes gegen § 5 Abs. 3 Satz 2**

TV BZV – der Pflicht zur Wiederholung des Rentenantrags – befasst. Aus dem Berufungsurteil wird aber nicht hinreichend deutlich, dass sich das Landesarbeitsgericht auch diese Begründung für den in der Revision noch streitigen Zeitraum tragend zu eigen gemacht hat.

14 **II. Die Revision ist unbegründet. Das Berufungsgericht hat die Berufung der Klägerin gegen die klageabweisende Entscheidung des Arbeitsgerichts betreffend die Ansprüche für den Zeitraum vom 1. Januar 2018 bis zum 31. August 2020 zu Recht zurückgewiesen. Die Klage ist im noch anhängigen Umfang zulässig, aber unbegründet.**

15 **1. Die Klage ist auch in Bezug auf die Zinsforderung ausreichend bestimmt, § 253 Abs. 2 Nr. 2 ZPO. Anders als in der Entscheidung des Senats vom 13. Juli 2021 *(– 3 AZR 349/20 – Rn. 17)* gibt die Klägerin Beträge und Zeiträume an, für die sie Zinsen verlangt. Damit lassen sich die Zinsforderungen klar und eindeutig bestimmen. Ob sie für den jeweiligen Zeitraum den vollen Zinssatz auf den jeweils vollen Betrag verlangen kann, ist eine Frage der Begründetheit und nicht der Zulässigkeit des Antrags.**

16 2. Die Klage ist unbegründet. Der Anspruch der Klägerin ruhte im streitgegenständlichen Zeitraum vom 1. Januar 2018 bis zum 31. August 2020 gemäß § 5 Abs. 5 Buchst. d TV BZV.

17 a) § 5 Abs. 5 Buchst. d TV BZV bestimmt, dass der Anspruch auf den Aufstockungsbetrag ruht, solange und soweit dem Betriebsrentenempfänger die Rente aus der gesetzlichen Rentenversicherung aus versicherungsrechtlichen Gründen abgelehnt wird, weil er der Verpflichtung zur Aufrechterhaltung der gesetzlichen Rente nicht nachgekommen ist.

18 b) Diese Umstände für ein Ruhen des Anspruchs auf den Aufstockungsbetrag lagen bei der Klägerin im fraglichen Zeitraum vor. Aufgrund der Bescheide der gesetzlichen Rentenversicherung vom 7. Juli 2016 und 28. März 2017 steht fest, dass ihr die Zahlung einer Rente aus versicherungsrechtlichen Gründen abgelehnt wurde. Statt der erforderlichen 36 Monate Pflichtbeiträge zur gesetzlichen Rentenversicherung in den letzten fünf Jahren (§ 43 Abs. 1 Satz 1 Nr. 2, Abs. 2 Satz 1 Nr. 2 SGB VI) hatte sie nur zwölf Monate mit Pflichtbeiträgen vorzuweisen. Von der Möglichkeit einer Ersetzung durch freiwillige Beiträge (§ 55 Abs. 2 Nr. 1 SGB VI) hatte sie keinen Gebrauch gemacht.

19 c) Es ist gemäß § 5 Abs. 5 Buchst. d TV BZV allein auf den Rentenbescheid und seine Begründung abzustellen. Unerheblich ist, ob der Klägerin für den Fall, dass sie durch das Leisten freiwilliger Beiträge die versicherungsrechtlichen Voraussetzungen erfüllt hätte, eine Rente bewilligt worden wäre. Der tarifliche Ruhenstatbestand stellt allein darauf ab, dass die gesetzliche Rentenversicherung eine Rentenzahlung abgelehnt hat, weil die versicherungsrechtlichen Voraussetzungen nicht erfüllt sind. Auf eine fiktive Betrachtung, ob möglicherweise auch aus anderen Gründen kein Rentenanspruch bestanden hätte, kommt es nach der Tarifbestimmung entgegen der Auffassung der Klägerin nicht an. Auch das Merkmal „erforderlichenfalls" in § 5 Abs. 3 Satz 3 TV BZV bezieht sich nicht auf die Voraussetzungen einer Erwerbsminderungsrente in materieller Hinsicht. Es stellt vielmehr auf das Erfordernis freiwilliger Beiträge ab, wenn die Pflichtbeiträge für eine Versorgung aufgrund der gesetzlichen Rentenversicherung nicht ausreichen.

20 aa) Für dieses Verständnis sprechen – neben dem klaren Wortlaut der Tarifnorm – vor allem der erkennbare Sinn und Zweck sowie die Praktikabilität der Regelung. § 5 Abs. 5 Buchst. d TV BZV vermeidet, dass die Beklagte hypothetisch die inhaltlichen Anforderungen einer Erwerbsminderungsrente iSd. gesetzlichen Rentenversicherung neben der Feststellung der Postbeschäftigungsunfähigkeit – die nicht mit einer Erwerbsminderung identisch ist – prüfen muss. Ob die gesundheitlichen Voraussetzungen für den Bezug einer Erwerbsminderungsrente vorliegen, soll nach dem Regelungskonzept nicht durch die Tarifunterworfenen, sondern durch den zuständigen Rentenversicherungsträger geprüft werden. Der Aufstockungsbetrag soll zudem, wie sich aus § 5 Abs. 1 Satz 2 TV BZV wie auch § 4 Abs. 2 Satz 2 TV BZV ergibt, eine gegenüber der gesetzlichen Rente subsidiäre Leistung nur für den Fall darstellen, dass keine gesetzliche Altersrente oder volle Erwerbsminderungsrente aus der gesetzlichen Rentenversicherung gezahlt wird. Der Ruhenstatbestand des § 5 Abs. 5 Buchst. d TV BZV stellt dabei sicher, dass dieser Charakter nicht in der Weise durch das Verhalten der Betriebsrentenempfänger unterlaufen werden kann, dass sie nicht die gesetzlich möglichen freiwilligen Beiträge zur Aufrechterhaltung der versicherungsrechtlichen Voraussetzungen für eine Rentengewährung zahlen.

21 bb) Dies dient dem berechtigten Interesse der Beklagten, ihre Kosten zu begrenzen, soweit Leistungen der gesetzlichen Rentenversicherung erbracht werden oder dieses bei Vorliegen der versicherungsrechtlichen Voraussetzungen zumindest in Betracht kommt. Dem entspricht die Verpflichtung des Betriebsrentenempfängers gemäß § 5 Abs. 3 Satz 3 TV BZV, die Anwartschaft auf gesetzliche Rente erforderlichenfalls durch Zahlung freiwilliger Beiträge aufrechtzuerhalten, um bei einer Verschlechterung oder Veränderung des Gesundheitszustands in den Genuss der gesetzlichen Rente gelangen zu können.

22 cc) Eine teleologische Reduktion oder ergänzende Vertragsauslegung im Sinne des Verständnisses der Klägerin scheidet aus. Weder liegt – ausgehend vom Willen der Tarifvertragsparteien – die hierfür erforderliche unbewusste Regelungslücke vor, noch ist die Regelung nachträglich lückenhaft geworden *(vgl. zu den Voraussetzungen einer ergänzenden Tarifauslegung: BAG 2. Juli 2024 – 3 AZR 244/23 – Rn. 29; 11. Juli 2019 – 6 AZR 460/18 – Rn. 26 mwN; 23. April 2013 – 3 AZR 23/11 – Rn. 29 mwN).*

23 3. Grundrechtliche Wertungen stehen der Auslegung nicht entgegen. Der Schutzbereich des Art. 14 Abs. 1 GG ist nicht betroffen. Der Klägerin wird nichts genommen, sondern nur unter bestimmten Voraussetzungen etwas nicht gewährt, worauf sie nicht einschränkungslos vertrauen durfte. Die Verpflichtung, die Anwartschaft auf gesetzliche Rente erforderlichenfalls durch Zahlung freiwilliger Beiträge aufrechtzuerhalten, ist nicht nur in § 5 Abs. 3 Satz 3 TV BZV geregelt. Die Klägerin wurde hierauf außerdem bereits bei Antragstellung im Jahr 2013 ausdrücklich hingewiesen. Aus § 12 Abs. 1 GG kann die Klägerin für ihre Versorgungsansprüche ebenfalls nichts für sie Günstiges ableiten. Die Frage, unter welchen Voraussetzungen ihr Arbeitsverhältnis wirksam beendet werden konnte, ist nicht Gegenstand des vorliegenden Rechtsstreits.

24 4. Die Bestimmung des § 5 Abs. 2 Satz 2 Alt. 1 BetrAVG, wonach Leistungen der betrieblichen Altersversorgung durch Anrechnung von Renten aus den gesetzlichen Rentenversicherungen nur insoweit gekürzt werden dürfen, wie diese auf Pflichtbei-

trägen beruhen, führt zu keinem anderen Ergebnis. Der Ruhenstatbestand des § 5 Abs. 5 Buchst. d TV BZV bewirkt keine Kürzung oder Anrechnung von Leistungen der Ansprüche der Berechtigten in diesem Sinne. Die Zusage der Beklagten ist insoweit vielmehr bereits von Anfang an beschränkt. Ob der Anrechnungstatbestand des § 5 Abs. 4 TV BZV der gesetzlichen Anordnung in § 5 Abs. 2 Satz 2 Alt. 1 BetrAVG genügt oder Leistungen aufgrund freiwilliger Beiträge ausnehmen muss, ist hier nicht entscheidungserheblich *(vgl. hierzu ErfK/Steinmeyer 25. Aufl. BetrAVG § 5 Rn. 12 mwN)*.

25 5. Ohne Erfolg beruft sich die Klägerin schließlich auf § 28 Abs. 3 VVG. Ungeachtet der Frage, unter welchen Voraussetzungen danach die Verletzung einer vertraglichen Obliegenheit mangels Ursächlichkeit für den Eintritt des Versicherungsfalls nicht zur Leistungsfreiheit des Versicherers führt, bestand zwischen den Parteien kein Versicherungsvertrag, in dem eine vertragliche Obliegenheit verletzt werden konnte *(vgl. BGH 23. November 2016 – IV ZR 50/16 – Rn. 12)*.

26 III. Die Kostenentscheidung beruht auf § 97 Abs. 1 ZPO.“

3.2 Pensionskasse – Hinterbliebenenversorgung – Mindestehedauer

BAG Entscheidung vom 22. Oktober 2024 – 3 AZR 23/24 – veröffentlicht am 27. Februar 2025

Dem dritten Senat zur Entscheidung vorgelegt:

Der dritte Senat des Bundesarbeitsgerichts hatte im Revisionsverfahren über die Frage zu entscheiden, ob die Klägerin gegen die beklagte Pensionskasse einen Anspruch auf Witwenpension/Hinterbliebenenversorgung hat oder ob dieser Anspruch aufgrund der in der Satzung enthaltenen Mindesteheklausel (Eheschließung innerhalb von drei Monaten vor dem Tod des Mitglieds; kein Unfalltod) ausgeschlossen ist und diese Klausel einer Inhaltskontrolle nach § 307 Abs. 1 BGB standhält.

Tenor des Urteils:

- *Die Revision der Klägerin gegen das Urteil des Landesarbeitsgerichts Düsseldorf vom 8. November 2023 – 12 Sa 348/23 – wird zurückgewiesen.*
- *Die Klägerin hat die Kosten der Revision zu tragen.*

Leitsatz des Gerichts:

Bestimmt die Satzung einer Pensionskasse, dass ein Anspruch auf Witwen-/Witwerpension ausgeschlossen ist, wenn die Ehe innerhalb von drei Monaten vor dem Ableben des verstorbenen Mitglieds geschlossen wurde und der Tod nicht durch Unfall eingetreten ist, liegt darin keine unangemessene Benachteiligung des Versorgungsberechtigten iSv. § 307 Abs. 1 Satz 1 BGB.

Wichtige redaktionell zusammengefasste Leitsätze zu den zentralen rechtlichen Überlegungen und Feststellungen der Entscheidung des Gerichts:

1. Eine unmittelbar gegen eine unternehmensbezogene Pensionskasse (Versicherungsverein aG) gerichtete Klage eines Hinterbliebenen ist nach § 2 Abs. 1 Nr. 4 Buchst. b ArbGG zu den Arbeitsgerichten eröffnet („Sozialeinrichtung des privaten Rechts“).
2. Rückständige Witwenpension kann als bezifferter Gesamtbetrag geltend gemacht werden; die künftige laufende Witwenpension ist als Klage auf wiederkehrende Leistungen iSv. § 258 ZPO zulässig (ohne Besorgnis iSv. § 259 ZPO).
3. Erfüllt sind Eheschließung innerhalb von drei Monaten vor dem Tod und kein Unfalltod; dann ist der Anspruch auf Witwen-/Witwerpension nach der Satzung ausgeschlossen.
4. Die Satzungsbestimmungen eines Versicherungsvereins auf Gegenseitigkeit sind grundsätzlich Allgemeine Geschäftsbedingungen und unterliegen der AGB-Inhaltskontrolle (§§ 305 ff., 307 BGB); die gesellschaftsrechtliche Bereichsausnahme greift nicht.
5. Eine tarifvertragliche Verweisung auf die Pensionskassensatzung nimmt diese nicht schon aus der Kontrolle; uneingeschränkte § 307-Kontrolle gilt jedenfalls dann, wenn die konkrete Satzungsklausel keinen maßgeblichen tariflichen Ursprung hat und der Tarifvertrag nur das „Ob“ der Zusatzversicherung regelt.
6. Die Mindestehedauer als Leistungsvoraussetzung weicht von der Vertragstypik der Hinterbliebenenversorgung nach § 1 Abs. 1 Satz 1 BetrAVG ab und ist deshalb grundsätzlich kontrollfähig.

7. Dreimonatsfrist ist angemessen: Eine Mindestehedauer von drei Monaten ist zur Abgrenzung bereits konkretisierter Todesfallrisiken zulässig; das Anknüpfen an den formellen Akt der Eheschließung ist sachgerecht. Bei der sehr kurzen Frist genügt als Rückausnahme die Unfallklausel; eine zusätzliche Widerlegungsmöglichkeit (z. B. Krankheit erst nach Eheschließung) ist hier typisierend nicht erforderlich.
8. Die (vom Beklagten nicht mehr bestrittene) Unwirksamkeit der Spätehenklausel führt nicht zur Unwirksamkeit der Mindesteheklausel; diese bleibt als sinnvolle, in sich geschlossene Regelung nach § 306 Abs. 1 BGB bestehen.

Zum Tatbestand:

- Die Klägerin verlangt vom beklagten Pensionskassen-VVaG eine Witwenpension nach dem Tod ihres Ehemanns.
- Der Ehemann (geb. 14.11.1956, gest. 20.11.2019) war von 1979 bis Ende 2014 bei der B beschäftigt und während der Beschäftigungszeit durchgängig Pflichtmitglied der beklagten Pensionskasse.
- Im September 2019 wurde bei ihm Krebs diagnostiziert; die Ehe mit der Klägerin schloss er am 15.10.2019 und damit wenige Wochen vor seinem Tod.
- Arbeitsvertraglich galt für ihn der Ersatzkassentarifvertrag (EKT), nach dessen Regelungen (insb. § 37 Abs. 2 EKT iVm Anlage 7a) erfolgt die Zusatzversicherung bei der Pensionskasse nach deren Satzung.
- Die Satzung der Pensionskasse (PKS) sieht u. a. eine Witwen-/Witwerpension (50 % der dem Mitglied zustehenden Pension) vor, enthält aber in § 18 Abs. 3 Leistungsausschlüsse, u. a. kein Anspruch, wenn die Ehe innerhalb von drei Monaten vor dem Tod geschlossen wurde und der Tod nicht durch Unfall eintrat („Mindesteheklausel“).
- Nach dem Tod beantragte die Klägerin Witwenpension.
- Der Beklagte lehnte zunächst unter Hinweis auf die Spätehenklausel (§ 18 Abs. 3 b PKS – Eheschließung nach Eintritt der Erwerbsminderung bzw. nach Vollendung 55. Lebensjahr) ab.
- Zuletzt stritten die Parteien nur noch über die Anwendung/Wirksamkeit der Mindesteheklausel (§ 18 Abs. 3 a PKS).
- Einen zunächst auch gegen die Arbeitgeberin (B) verfolgten Anspruch aus der tariflichen Hinterbliebenenversorgung verfolgte die Klägerin nicht weiter.
- Die Klägerin begehrte rückständige Witwenpension für Dezember 2019 bis Dezember 2022 (insgesamt 27.535,77 € brutto zzgl. Zinsen) sowie laufend ab 1.1.2023 monatlich 744,21 € brutto (50 % von 1.488,41 €).
- Sie hielt den Ausschluss für unwirksam (AGB-Kontrolle, fehlende Rückausnahme für erst nach Eheschließung eintretende tödliche Krankheiten; außerdem „Infektion“ durch Unwirksamkeit der Spätehenklausel) und trug vor, die Heirat sei aus Namens-/Familiengründen erfolgt, nicht zur Versorgung.
- Der Beklagte beantragte Klageabweisung und verteidigte die Wirksamkeit der Mindesteheklausel (u. a. keine/ eingeschränkte AGB-Kontrolle wegen tariflicher Grundlage; jedenfalls keine unangemessene Benachteiligung).
- Das Arbeitsgericht gab der Klage statt.
- Das LAG wies die Klage ab.
- Mit der Revision verfolgte die Klägerin die Ansprüche weiter.

Aus den Entscheidungsgründen:

11 **„Die Revision der Klägerin hat keinen Erfolg. Das Landesarbeitsgericht hat die Klage zu Recht abgewiesen. Die zulässige Klage ist nicht begründet.**

12 **I. Das Landesarbeitsgericht hat die Zulässigkeit des Rechtswegs zu den Arbeitsgerichten für die vorliegende, unmittelbar gegen die beklagte Pensionskasse gerichtete Klage – stillschweigend – bejaht. Das ist ungeachtet dessen, dass der Senat gemäß §17a Abs. 5 GVG iVm. §73 Abs. 2, §65 ArbGG hieran gebunden ist, nicht zu beanstanden. Es handelt sich zwar nicht um eine Rechtsstreitigkeit zwischen einem Arbeitnehmer (bzw. dessen Rechtsnachfolgerin nach §3 ArbGG) und Arbeitgeber nach §2 Abs. 1 Nr. 3 ArbGG, denn der Beklagte war nicht Arbeitgeber des verstorbenen Ehemanns der Klägerin. Die Rechtswegzulässigkeit folgt vorliegend aber aus § 2 Abs. 1 Nr. 4 Buchst. b ArbGG, da ein Rechtsstreit zwischen der Klägerin als einer Hinterbliebenen eines Arbeitnehmers und dem Beklagten als einer „Sozialeinrichtung des privaten Rechts" iS dieser Norm vorliegt. Der Beklagte ist als unternehmensbezogene (nicht branchenweite unternehmensübergreifende) Pensionskasse eine „Sozialeinrichtung des privaten Rechts" iSd. § 2 Abs. 1 Nr. 4 Buchst. b ArbGG *(zu dieser Abgrenzung im Einzelnen BAG 14. November 2017 – 9 AS 8/17 – Rn. 10 f.; 5. Dezember 2013 – 10 AZB 25/13 – Rn. 17 ff.; BGH 3. April 2019 – IV ZB 17/18 – Rn. 10 ff.).***

13 **II. Die Klage ist zulässig. Mit dem Zahlungsantrag zu 1. macht die Klägerin hinreichend bestimmt (§ 253 Abs. 2 Nr. 2 ZPO) mit einem Gesamtbetrag Witwenpension iHv. 744,21 Euro brutto monatlich für den Zeitraum von Dezember 2019 bis Dezember 2022 nebst Zinsen geltend. Bei dem Klageantrag zu 2. handelt es sich um eine Klage auf wiederkehrende Leistungen iSd. § 258 ZPO. Bei wiederkehrenden Leistungen, die – wie Betriebsrentenansprüche – von keiner Gegenleistung abhängen, kann gemäß § 258 ZPO grundsätzlich auch Klage auf künftige Entrichtung erhoben werden. Im systematischen Gegensatz zu § 259 ZPO muss nicht die Besorgnis bestehen, dass der Schuldner sich der rechtzeitigen Leistung entziehen wird *(BAG 14. März 2023 – 3 AZR 175/22 – Rn. 13 mwN).***

14 **III. Die Klage ist unbegründet. Das Landesarbeitsgericht hat ohne Rechtsfehler erkannt, dass die Klägerin keinen Anspruch gegen den Beklagten auf Zahlung einer Witwenpension iHv. monatlich 744,21 Euro brutto nach § 11 Nr. 2 Buchst. a iVm. § 13 Abs. 6 PKS für die Zeit ab Dezember 2019 hat. Dem Anspruch steht der Ausschlusstatbestand in § 18 Abs. 3 Buchst. a PKS entgegen. Danach besteht kein Anspruch der überlebenden Ehegattin auf Witwenpension nach § 11 Nr. 2 Buchst. a PKS, wenn das verstorbene Mitglied die Ehe innerhalb von drei Monaten vor seinem Ableben geschlossen hat und der Tod nicht durch Unfall eingetreten ist. Die Voraussetzungen dieses Ausschlusstatbestands sind unstreitig erfüllt, nachdem die Ehe der Klägerin mit ihrem Ehemann am 15. Oktober 2019 und damit innerhalb von drei Monaten vor dem Zeitpunkt seines Todes am 20. November 2019 geschlossen wurde und der Tod nicht durch einen Unfall verursacht worden war. Der Ausschlusstatbestand in § 18 Abs. 3 Buchst. a PKS unterliegt zwar der Inhaltskontrolle Allgemeiner Geschäftsbedingungen nach § 307 BGB. Er ist aller-**

dings wirksam vereinbart und nicht wegen einer unangemessenen Benachteiligung nach § 307 Abs. 1 Satz 1, Satz 2 BGB unwirksam.

15 1. Das Landesarbeitsgericht hat zu Recht angenommen, dass § 18 Abs. 3 Buchst. a PKS am Recht der Allgemeinen Geschäftsbedingungen nach §§ 305 ff. BGB zu messen ist.

16 a) Dem verstorbenen Ehemann der Klägerin waren von seiner Arbeitgeberin durch arbeitsvertragliche Bezugnahme auf § 37 EKT Leistungen der betrieblichen Altersversorgung nach Nr. 1.1. der Anlage 7a zum EKT entsprechend der Satzung des Beklagten zugesagt. Aufgrund dieser tarifvertraglichen Verweisung in Nr. 1.1. der Anlage 7a zum EKT auf die PKS, die von der Rechtssetzungsbefugnis der Tarifvertragsparteien umfasst ist *(vgl. BAG 13. Juli 2021 – 3 AZR 363/20 – Rn. 24; 21. Januar 2020 – 3 AZR 225/19 – Rn. 61 ff. und – 3 AZR 73/19 – Rn. 59),* bestimmt sich das versicherungsrechtliche Verhältnis zwischen dem verstorbenen Ehemann der Klägerin bzw. nunmehr der Klägerin selbst und dem Beklagten allein nach dessen Satzung. Die Klägerin stützt den Klageanspruch auch unmittelbar auf die Satzung des Beklagten. Nicht Gegenstand des vorliegenden Verfahrens ist ein etwaiger Anspruch gegen die vormalige Arbeitgeberin auf Hinterbliebenenversorgung nach Nr. 4 der Anlage 7a zum EKT.

17 b) Die §§ 305 ff. BGB sind zeitlich anwendbar. Das Recht der Allgemeinen Geschäftsbedingungen findet in der durch das Gesetz zur Modernisierung des Schuldrechts seit dem 1. Januar 2002 geschaffenen Fassung (vom 26. November 2001, BGBl. I S. 3138, in Kraft zu diesem Zeitpunkt nach Art. 9 Abs. 1 Satz 2 des Gesetzes) seit dem 1. Januar 2003 Anwendung, obwohl das Versicherungsverhältnis mit dem Beklagten bereits vorher begründet wurde, Art. 229 § 5 Satz 2 EGBGB *(vgl. BAG 18. Februar 2020 – 3 AZR 137/19 – Rn. 76).*

18 c) Die das versicherungsrechtliche Verhältnis regelnden Satzungsbestimmungen eines Versicherungsvereins auf Gegenseitigkeit unterliegen grundsätzlich der Kontrolle nach dem Recht der Allgemeinen Geschäftsbedingungen. Die Anwendungseinschränkung für das Gesellschaftsrecht nach § 310 Abs. 4 Satz 1 BGB greift nicht *(BAG 18. Februar 2020 – 3 AZR 137/19 – Rn. 76 mwN; vgl. auch BGH 20. Juli 2011 – IV ZR 76/09 – Rn. 50, BGHZ 190, 314).*

19 d) Eine Kontrolle des Ausschlusstatbestands nach § 18 Abs. 3 Buchst. a PKS am Recht der Allgemeinen Geschäftsbedingungen ist auch nicht aufgrund der Bereichsausnahme für Tarifverträge nach § 310 Abs. 4 Satz 1 BGB iVm. § 307 Abs. 3 Satz 1 BGB ausgeschlossen.

20 aa) Tarifverträge sind nach § 310 Abs. 4 Satz 1 BGB von einer AGB-Kontrolle ausgenommen. Auch eine Inhaltskontrolle von arbeitsvertraglich insgesamt in Bezug genommenen Tarifverträgen erfolgt nicht, weil sie nach § 307 Abs. 3 Satz 1 BGB nur stattfindet, wenn von Rechtsvorschriften abgewichen wird. Tarifverträge stehen nach § 310 Abs. 4 Satz 3 BGB Rechtsvorschriften iSv. § 307 Abs. 3 BGB gleich. Diese Grundsätze gelten unabhängig davon, aufgrund welcher Regelungstechnik der betreffende Tarifvertrag auf das Arbeitsverhältnis anzuwenden ist. Voraussetzung ist, dass der Tarifvertrag das Arbeitsverhältnis in seinem räumlichen, fachlichen und persönlichen Geltungsbereich erfasst *(BAG 27. Oktober 2020 – 9 AZR 531/19 – Rn. 16 mwN).*

21 bb) Bei den das versicherungsrechtliche Verhältnis regelnden Satzungsbestimmungen einer Pensionskasse handelt es sich nicht um tarifvertragliche Regelungen. Bei einer tariflich vermittelten Zusatzversorgung über eine Pensionskasse ist zwischen dem arbeitsrechtlichen, durch Tarifvertrag geregelten Grundverhältnis und dem versicherungsrechtlichen, durch die Satzung geregelten Durchführungsverhältnis zu unterscheiden *(BAG 13. Juli 2021 – 3 AZR 363/20 – Rn. 24; BGH 14. November 2007 – IV ZR 74/06 – Rn. 30, BGHZ 174, 127).* Bei der Satzung handelt es sich um privatrechtliche Allgemeine Geschäftsbedingungen in Form Allgemeiner Versicherungsbedingungen. Als solche unterliegen sie zwar grundsätzlich der richterlichen Inhaltskontrolle nach den §§ 307 ff. BGB. Allerdings sind dieser Inhaltskontrolle ihrerseits Schranken gesetzt *(BGH 14. November 2007 – IV ZR 74/06 – aaO; 10. Oktober 2012 – IV ZR 10/11 – Rn. 15, BGHZ 195, 93),* weshalb auch Satzungsbestimmungen nach § 310 Abs. 4 Satz 1 BGB unter bestimmten Voraussetzungen von einer AGB-Kontrolle ausgenommen sein können. Tarifverträge und auf ihnen beruhende Satzungsbestimmungen einer Pensionskasse sind grundsätzlich als Ganzes zu verstehen. Die arbeitsvertraglichen und versicherungsvertraglichen Rechtsbeziehungen sind durch die Tarifverträge eng miteinander verknüpft. Aufgabe der Pensionskasse ist es, die tarifliche Zusatzversorgung durchzuführen, dementsprechend die tarifvertraglichen Versorgungsregelungen umzusetzen und für die erforderlichen Konkretisierungen zu sorgen *(vgl. BAG 13. Juli 2021 – 3 AZR 363/20 – Rn. 24; 29. Januar 2008 – 3 AZR 214/06 – Rn. 21).*

22 Unter Berücksichtigung der Tarifautonomie des Art. 9 Abs. 3 GG und der Bereichsausnahme des § 310 Abs. 4 Satz 1 BGB sind das Versicherungsverhältnis regelnde Satzungsbestimmungen einer Pensionskasse daher keiner Inhaltskontrolle zu unterziehen, wenn ihnen eine maßgebliche, rechtlich nicht zu beanstandende Grundentscheidung der Tarifvertragsparteien zugrunde liegt. Bei der Umsetzung und inhaltlichen Ausgestaltung solcher tariflich gelenkter Grundentscheidungen wirkt der Schutz der Tarifautonomie fort, die den Tarifvertragsparteien für ihre Grundentscheidung besondere Beurteilungs-, Bewertungs- und Gestaltungsspielräume eröffnet, die die Gerichte grundsätzlich zu akzeptieren haben *(BAG 27. März 2007 – 3 AZR 65/06 – Rn. 33; BGH 20. Juli 2011 – IV ZR 76/09 – Rn. 50 ff., BGHZ 190, 314).* Fehlt es hingegen an einem derartigen tarifvertraglichen Ursprung, unterliegt die Satzungsbestimmung der uneingeschränkten Inhaltskontrolle *(vgl. BGH 7. September 2016 – IV ZR 172/15 – Rn. 17 ff.).*

23 cc) Danach hat das Berufungsgericht zu Recht angenommen, dass § 18 Abs. 3 Buchst. a PKS der uneingeschränkten Inhaltskontrolle nach § 307 BGB unterliegt, weil diese Satzungsbestimmung keinen tarifvertraglichen Ursprung hat. Nr. 1.1. der Anlage 7a zum EKT bestimmt zwar, dass die Angestellten der Kasse grundsätzlich zu einer Zusatzversicherung bei der Pensionskasse verpflichtet sind und die Zusatzversicherung bei der Pensionskasse nach deren Satzung erfolgt. Diese Tarifregelung beschränkt sich aber darauf, selbst das „Ob“ der Versorgungszusage zu regeln. Inhaltliche Vorgaben für Leistungsumfang, Leistungsvoraussetzungen oder Leistungsausschlüsse der Zusatzversorgung enthalten die tariflichen Regelungen nicht. Mit dem dynamischen Verweis auf die Satzung hat die Ausgestaltung der (tariflichen) Zusage selbst keinen tarifvertraglichen Ursprung erlangt. Vielmehr haben die Tarifparteien dem Beklagten die inhaltliche Ausgestaltung der Zusatzversorgung zur eigenständigen Satzungsgebung überantwortet und diese nicht selbst im Wege eines

Tarifvertrags vorgegeben *(zu diesem Kriterium BGH 10. Oktober 2012 – IV ZR 10/11 – Rn. 22, 32, BGHZ 195, 93)*. Anhaltspunkte dafür, dass der Beklagte mit der Ausgestaltung der Satzungsbestimmungen die Ziele des Tarifvertrags im Verhältnis zu den versicherten Arbeitnehmern umgesetzt hat, sind nicht erkennbar. Der im Tarifvertrag geregelte Ausschlusstatbestand für die tarifliche Hinterbliebenenversorgung (vgl. Nr. 4.6. der Anlage 7a zum EKT) weicht sogar von § 18 Abs. 3 Buchst. a PKS ab. Ebenso wenig ist ersichtlich, dass sich die Tarifvertragsparteien Einflussmöglichkeiten auf den Satzungsinhalt und damit auch auf den Inhalt der Leistungsordnung gesichert haben *(vgl. zu diesem Kriterium etwa BAG 21. Januar 2020 – 3 AZR 225/19 – Rn. 66)*. Dem Postulat der Sachgerechtigkeit der tarifvertraglichen Regelung im Sinne eines angemessenen Interessenausgleichs ist damit gerade nicht hinreichend Rechnung getragen.

24 2. Eine Inhaltskontrolle des § 18 Abs. 3 Buchst. a PKS ist nicht nach § 307 Abs. 3 Satz 1 BGB ausgeschlossen. Die Einschränkung der Witwen-/Witwerrente auf einen Ehepartner, der mit der versorgungsberechtigten Person im Zeitpunkt des Todes mindestens drei Monate verheiratet war, weicht von der die Hinterbliebenenversorgung von Witwen nach § 1 Abs. 1 Satz 1 BetrAVG kennzeichnenden Vertragstypik ab und unterliegt damit der Inhaltskontrolle nach §§ 307 ff. BGB *(vgl. BAG 21. November 2023 – 3 AZR 44/23 – Rn. 37 mwN)*.

25 3. Eine unangemessene Benachteiligung durch die Mindesteheklausel in § 18 Abs. 3 Buchst. a PKS ist vorliegend auch weder nach § 307 Abs. 2 Nr. 1 BGB *(vgl. im Einzelnen BAG 21. November 2023 – 3 AZR 44/23 – Rn. 38 ff. mwN)* noch nach § 307 Abs. 2 Nr. 2 BGB *(vgl. im Einzelnen BAG 21. November 2023 – 3 AZR 44/23 – Rn. 41 mwN)* anzunehmen.

26 4. Eine unangemessene Benachteiligung ergibt sich auch nicht unter Berücksichtigung der im Rahmen von § 307 Abs. 1 Satz 1 BGB durchzuführenden umfassenden Abwägung der betroffenen Interessen.

27 a) Unangemessen ist jede Benachteiligung eines rechtlich anerkannten Interesses des Arbeitnehmers, die nicht durch begründete und billigenswerte Interessen des Verwenders gerechtfertigt oder durch gleichwertige Vorteile ausgeglichen wird. Die Feststellung einer unangemessenen Benachteiligung setzt eine wechselseitige Berücksichtigung und Bewertung rechtlich anzuerkennender Interessen der Vertragspartner voraus. Es bedarf einer umfassenden Würdigung der beiderseitigen Positionen unter Berücksichtigung des Grundsatzes von Treu und Glauben. Bei der Beurteilung der Unangemessenheit ist ein genereller, typisierender, vom Einzelfall losgelöster Maßstab anzulegen. Abzuwägen sind die Interessen des Verwenders gegenüber den Interessen der typischerweise beteiligten Vertragspartner. Im Rahmen der Inhaltskontrolle sind dabei Art und Gegenstand, Zweck und besondere Eigenart des jeweiligen Geschäfts zu berücksichtigen. Zu prüfen ist, ob der Klauselinhalt bei der in Rede stehenden Art des Rechtsgeschäfts generell und unter Berücksichtigung der typischen Interessen der beteiligten Verkehrskreise eine unangemessene Benachteiligung des Vertragspartners ergibt *(BAG 21. November 2023 – 3 AZR 44/23 – Rn. 43; 2. Dezember 2021 – 3 AZR 254/21 – Rn. 22 mwN, BAGE 176, 319)*.

28 b) Für die Abwägung der wechselseitigen Interessen nach § 307 Abs. 1 Satz 1 BGB im Rahmen der Inhaltskontrolle einer formularmäßigen Einschränkung der betrieblichen Hinterbliebenenversorgung durch das Erfordernis einer bestimmten

Mindestehedauer in einer arbeitgeberseitig erteilten Versorgungszusage hat der Senat zusammengefasst folgende Grundsätze aufgestellt:

29 aa) Auf Seiten des Versorgungsberechtigten ist dessen rechtlich geschütztes Interesse zu berücksichtigen, das sich aus dem Näheverhältnis zu seinem Ehepartner ergebende typisierte Versorgungsinteresse entsprechend der Zusage einer Hinterbliebenenversorgung ohne das Erfordernis einer bestimmten Mindestehedauer abzusichern *(vgl. BAG 21. November 2023 – 3 AZR 44/23 – Rn. 45; 2. Dezember 2021 – 3 AZR 254/21 – Rn. 25, BAGE 176, 319; 19. Februar 2019 – 3 AZR 150/18 – Rn. 29, BAGE 165, 345).* Der Arbeitnehmer kann unter Berücksichtigung der Wertungen des Art. 2 Abs. 1 iVm. Art. 6 Abs. 1 GG bis zu einem gewissen Grad darauf vertrauen, dass eine für den überlebenden Ehepartner zugesagte Versorgung nicht an überzogene weitere Anforderungen geknüpft wird *(BAG 2. Dezember 2021 – 3 AZR 254/21 – Rn. 26, aaO).* Dieses Interesse wird durch die Verknüpfung des Eintritts des Versorgungsfalls „Hinterbliebene" mit der Mindestehedauer insofern berührt, als ein gewisser Druck auf den Arbeitnehmer ausgeübt wird, möglichst früh zu heiraten *(BAG 2. Dezember 2021 – 3 AZR 254/21 – Rn. 27, aaO).* Wie lange der Arbeitnehmer mit einer Person verheiratet war, hängt zudem von seiner ganz privaten Lebensführung ab. Ein innerer Zusammenhang mit seinem Arbeitsverhältnis als Grundlage für die betriebliche Altersversorgung besteht insoweit nicht. Die Dauer der Ehe beeinflusst auch nicht das Risiko des Arbeitgebers, wie lange eine Hinterbliebenenversorgung zu zahlen ist, da sie keinen Anhaltspunkt dafür bietet, wie groß der Altersunterschied der Ehepartner ist *(BAG 21. November 2023 – 3 AZR 44/23 – aaO; 2. Dezember 2021 – 3 AZR 254/21 – Rn. 28, aaO; 19. Februar 2019 – 3 AZR 150/18 – Rn. 31, aaO).*

30 bb) Auf Seiten des Arbeitgebers wiederum ist den grundrechtlichen Wertungen in Art. 2 Abs. 1 und Art. 12 Abs. 1 GG dadurch Rechnung zu tragen, dass dessen berechtigtes Interesse an der Begrenzung seines mit der Zusage einer Hinterbliebenenversorgung einhergehenden finanziellen Risikos angemessen berücksichtigt wird. Bei einer Einschränkung der Hinterbliebenenversorgung durch das Erfordernis einer bestimmten Mindestehedauer geht es darum, solche Risiken vom Schutz der Versorgungsordnung auszunehmen, die sich bereits konkretisiert haben, wenn der von der Versorgungsordnung vorgesehene Schutz eintritt. Das ist im Charakter der betrieblichen Altersversorgung als Risikoabdeckung angelegt *(vgl. dazu BAG 21. November 2023 – 3 AZR 44/23 – Rn. 46; 13. Juli 2021 – 3 AZR 298/20 – Rn. 41, BAGE 176, 1).* Bei der Hinterbliebenenversorgung wird das typisierte Interesse des unmittelbar Versorgungsberechtigten an der Versorgung eines Hinterbliebenen gegen das Risiko, dies durch den eigenen Tod nicht mehr leisten zu können, abgesichert; das erspart ihm entsprechende Eigenaufwendungen *(vgl. BAG 21. November 2023 – 3 AZR 44/23 – aaO; 14. November 2017 – 3 AZR 781/16 – Rn. 18, BAGE 161, 56).* Hinterbliebenenversorgung knüpft also an das Todesfallrisiko an. Der Arbeitgeber hat ein berechtigtes Interesse daran, dieses nur so lange abzusichern, wie es sich nicht bereits konkretisiert hat, und damit objektive Versorgungsehen auszuschließen. Das berechtigt ihn, angemessene Fristen zwischen dem Zeitpunkt, der zum Eintritt der Risikoabsicherung führt, und dem Zeitpunkt, zu dem das Risiko eintritt, vorzusehen. Durch eine solche Frist wird einerseits der gebotenen Risikoabgrenzung Rechnung getragen, andererseits eine unangemessene Rechtsunsicherheit des Versorgungsberechtigten verhindert, der sonst im Einzelfall mit ungewissem Ergebnis über die Frage der Risikokonkretisierung streiten müsste. Im Fall einer mindestens einjährigen Min-

destehedauer hat der Senat zudem angenommen, der Arbeitgeber müsse zusätzlich die Möglichkeit für den Hinterbliebenen vorsehen nachzuweisen, dass sich trotz des Todes innerhalb der so festgelegten Frist das Risiko zu dem Zeitpunkt, als der Schutz der Versorgungsordnung eintrat, noch nicht konkretisiert hatte *(BAG 21. November 2023 – 3 AZR 44/23 – aaO; 2. Dezember 2021 – 3 AZR 254/21 – Rn. 32, BAGE 176, 319)*. Das ist dem Arbeitgeber zumutbar, da er die Darlegungs- und Beweislast innerhalb der angemessenen Frist dem Hinterbliebenen auferlegen kann. Denn der Hinterbliebene wird dem Versorgungsberechtigten typischerweise nahe genug stehen, um zu den Umständen des Todes vorzutragen und Beweis antreten zu können *(BAG 2. Dezember 2021 – 3 AZR 254/21 – aaO)*.

31 c) Diese – auf die wechselseitigen Interessen von versorgungsberechtigtem Arbeitnehmer einerseits und Arbeitgeber andererseits abstellenden – Grundsätze können vorliegend auf die gleichlaufende Interessenlage der Pensionskasse und ihrer versorgungsberechtigten Mitglieder übertragen werden, wenngleich die streitbefangene Satzungsbestimmung nicht das Arbeitsverhältnis, sondern das Versicherungsverhältnis betrifft *(vgl. zur Berücksichtigung der Interessen der versicherten Versorgungsberechtigten bei der Inhaltskontrolle von Satzungsbestimmungen eines Versicherungsvereins auf Gegenseitigkeit BAG 18. Februar 2020 – 3 AZR 137/19 – Rn. 76)*. Die versicherungsvertraglichen Rechtsbeziehungen dienen der Durchführung der im Arbeitsverhältnis, hier auf tarifvertraglicher Grundlage, gegebenen Versorgungszusage. Es ist die Aufgabe einer unternehmensbezogenen Pensionskasse, deren Trägerin die Arbeitgeberin ist, die zugesagte Zusatzversorgung durchzuführen *(zur engen Verknüpfung von Tarifverträgen und auf ihnen beruhenden Satzungsbestimmungen vgl. BAG 13. Juli 2021 – 3 AZR 363/20 – Rn. 24)*.

32 d) Danach lässt die Annahme des Landesarbeitsgerichts, die streitbefangene Klausel in § 18 Abs. 3 Buchst. a PKS halte einer Angemessenheitskontrolle stand, keine Rechtsfehler erkennen.

33 aa) Die Frist von drei Monaten zwischen der Eheschließung und dem Tod des unmittelbar Versorgungsberechtigten ist angemessen. Der Senat hat unter Berücksichtigung der gesetzgeberischen Wertungen im Bereich der gesetzlichen Rente und der Beamtenversorgung (§ 46 Abs. 2a SGB VI, § 19 Abs. 1 Satz 2 Nr. 1 BeamtVG) sogar eine Frist von einem Jahr als (noch) angemessen angesehen *(BAG 21. November 2023 – 3 AZR 44/23 – Rn. 50; 2. Dezember 2021 – 3 AZR 254/21 – Rn. 34, BAGE 176, 319)*.

34 bb) Es bestehen zudem überwiegende Interessen des Klauselverwenders, an den formellen Akt der Eheschließung nach §§ 1310 ff. BGB anzuknüpfen. Dies ist der nach außen getragene, mit Rechtsverbindlichkeit versehene sowie staatlich geprüfte Akt der Eheleute, eine Ehe eingehen zu wollen *(vgl. BAG 21. November 2023 – 3 AZR 44/23 – Rn. 49; 2. Dezember 2021 – 3 AZR 254/21 – Rn. 35, BAGE 176, 319)*.

35 cc) Auch die in § 18 Abs. 3 Buchst. a PKS vorgesehene Widerlegungsmöglichkeit – Eintritt des Todes durch Unfall – entspricht angesichts der sehr kurzen Mindestehedauer von drei Monaten den Anforderungen des § 307 Abs. 1 Satz 1 BGB. Dabei kommt es nicht entscheidend darauf an, ob der Annahme des Landesarbeitsgerichts zu folgen ist, der Ausschluss nach § 18 Abs. 3 Buchst. a PKS greife auch dann nicht, wenn sich der Unfall vor der Eheschließung ereignet hat. Selbst dann, wenn – was systematisch und unter Berücksichtigung von Sinn und Zweck der Ausschlussrege-

lung näher liegt – die Rückausnahme auf Unfallereignisse nach der Eheschließung beschränkt sein sollte, benachteiligt die Regelung die Versorgungsberechtigten nicht unangemessen. Zwar sieht § 18 Abs. 3 Buchst. a PKS – abgesehen vom Unfallereignis – keine weitere Möglichkeit des Nachweises vor, dass sich trotz des Todes innerhalb der festgelegten Frist das Todesfallrisiko zum Zeitpunkt der Eheschließung, als also der Schutz der Versorgungsordnung eintrat, noch nicht konkretisiert hatte. Auch hat der Senat für Klauseln, die eine mindestens einjährige Mindestehedauer verlangten, entschieden, dass die Interessen der Versorgungsberechtigten regelmäßig nicht hinreichend gewahrt sind, wenn die Klausel keine Möglichkeit vorsieht, das Vorliegen des Todesfallrisikos im Zeitpunkt der Eheschließung zu widerlegen *(vgl. BAG 21. November 2023 – 3 AZR 44/23 – Rn. 52 unter Bezugnahme auf BAG 2. Dezember 2021 – 3 AZR 254/21 – Rn. 32 sowie 36 ff., BAGE 176, 319).* Eine solche „Widerlegungsmöglichkeit" ist allerdings nicht zwingend und in jedem Fall zu verlangen, vielmehr hängt ihre Erforderlichkeit im Rahmen einer Interessenabwägung immer auch vom übrigen Regelungsinhalt der Klausel, insbesondere der geforderten Mindestehedauer selbst, ab. Das Fehlen einer weiteren „Widerlegungsmöglichkeit" ist im vorliegenden Fall unschädlich. Mit der hier verlangten nur kurzen Mindestehedauer werden die typischen Fälle, in denen das Todesfallrisiko zum Zeitpunkt der Eheschließung noch nicht bestand, weitgehend ohnehin erfasst. Bei pauschalierender Betrachtung dürfte es eher untypisch sein, dass eine erst nach Eheschließung eintretende Krankheit innerhalb von maximal drei Monaten zum Tod führt. Durch die geforderte vergleichsweise kurze Mindestehedauer bleibt es den Versorgungsberechtigten zudem für den Fall eines Ablebens später als drei Monate nach der Eheschließung erspart, den Nachweis über einen etwaigen Krankheitsursprung und dessen zeitliche Einordnung zu führen. Mit der hier auf ein Unfallereignis beschränkten Rückausnahme werden bei der geforderten nur dreimonatigen Mindestehedauer bei typisierender Betrachtung die wesentlichen Fälle erfasst, in denen eine Ehe zwar nicht lang genug gedauert hat, aber doch eine Hinterbliebenenversorgung geboten ist.

36 5. Die vom Beklagten schon im Berufungsrechtszug nicht mehr in Abrede gestellte Unwirksamkeit der Spätehenklausel in § 18 Abs. 3 Buchst. b PKS *(vgl. zu den Voraussetzungen eines Verstoßes gegen das in § 7 Abs. 1, §§ 1, 3 Abs. 1 AGG normierte Verbot der Benachteiligung wegen des Alters BAG 21. November 2023 – 3 AZR 44/23 – Rn. 26 f.; ausführlich 19. Februar 2019 – 3 AZR 215/18 – Rn. 22 ff., BAGE 165, 357; 19. Februar 2019 – 3 AZR 198/18 – Rn. 14 ff.)* führt ebenfalls nicht zur Unwirksamkeit der Regelung zur Mindestehedauer in § 18 Abs. 3 Buchst. a PKS. Da der verbleibende Teil der Regelung in § 18 Abs. 3 Buchst. a PKS auch ohne den in der Spätehenklausel normierten Ausschluss eine sinnvolle und in sich geschlossene Regelung darstellt, erstreckt sich deren Unwirksamkeit nach § 306 Abs. 1 BGB nicht auf den übrigen Regelungsinhalt *(vgl. BAG 21. November 2023 – 3 AZR 44/23 – Rn. 31).*

37 IV. Die Kostenentscheidung beruht auf § 97 Abs. 1 ZPO."

3.3 Betriebliche Altersversorgung – Anrechnung einer fiktiven Erwerbsminderungsrente

BAG Entscheidung vom 26. November 2024 – 3 AZR 49/24 – veröffentlicht am 7. April 2025

Dem dritten Senat zur Entscheidung vorgelegt:

Der dritte Senat des Bundesarbeitsgerichts hatte im Revisionsverfahren über die Frage zu entscheiden, ob bei der Berechnung der der Klägerin nach der Versorgungsordnung iVm. dem Sozialplan 2000 zustehenden betrieblichen Zusatzrente auf den Mindestsatz der Gesamtversorgung eine fiktive Rente wegen voller Erwerbsminderung aus der gesetzlichen Rentenversicherung (statt der fiktiven Altersrente) anzurechnen ist.

Tenor des Urteils:

- *Die Revision der Klägerin gegen das Urteil des Landesarbeitsgerichts Köln vom 6. September 2023 – 5 Sa 76/22 – wird zurückgewiesen.*
- *Die Klägerin hat die Kosten der Revision zu tragen*

Wichtige redaktionell zusammengefasste Leitsätze zu den zentralen rechtlichen Überlegungen und Feststellungen der Entscheidung des Gerichts:

1. Die Anrechnung anderweitiger Versorgungsleistungen auf eine Betriebsrente bedarf stets einer besonderen Rechtsgrundlage; § 5 Abs. 2 BetrAVG begründet kein eigenständiges Anrechnungsrecht, sondern setzt eine Anrechnungsregelung voraus.
2. Anrechnungs- bzw. Limitierungsklauseln müssen die Berücksichtigungstatbestände für den Versorgungsberechtigten erkennbar beschreiben; eine hinreichende Bestimmtheit kann sich dabei auch aus der Auslegung der maßgeblichen Regelung (hier: Sozialplan) ergeben.
3. V Nr. 3.5 SP 2000 ist dahin auszulegen, dass Versorgungsansprüche „zum Austrittstermin“ fiktiv so zu berechnen sind, als wäre der Versorgungsfall „Erwerbsunfähigkeit“ eingetreten; damit wird im Rahmen der Gesamtversorgung/Mindestversorgung nicht die (fiktive) Altersrente, sondern eine (fiktive) Rente wegen voller Erwerbsminderung zur Anrechnung herangezogen.
4. Verwendet die Versorgungsordnung (und der Sozialplan) den Begriff „Erwerbsunfähigkeit/Erwerbsminderung“ ohne eigenständige Definition, sind regelmäßig die sozialversicherungsrechtlichen Begriffe maßgeblich; nach der Reform zum 1. Januar 2001 tritt die (volle) Erwerbsminderungsrente an die Stelle der früheren Erwerbsunfähigkeitsrente.
5. Der Verweis in V Nr. 3.5 SP 2000 auf die Berechnung „im Erwerbsunfähigkeitsfall“ umfasst nicht nur die für diesen Fall vorgesehenen Kürzungsmechanismen (zB nach III 6 VO), sondern auch die Einbeziehung der gesetzlichen Rente als „Quelle“ der Gesamtversorgung – im Erwerbsunfähigkeitsfall folglich die Erwerbsminderungsrente.
6. Die fiktive Ermittlung und Anrechnung einer gesetzlichen Rente ist bei vorzeitigem Ausscheiden als Berechnungsmethode im Betriebsrentenrecht geläufig und für Anwärter grundsätzlich vorhersehbar; zudem fügt sich die Berechnung nach V Nr. 3.5 SP 2000 in die insgesamt begünstigenden Sozialplanregelungen ein (insb. Ausschluss zeitratierlicher Kürzung/weiterer Abschläge; Dienstzeitgutschriften).

7. Zwar schützt Satz 1 Eigenvorsorge, jedoch erlaubt Satz 2 Alt. 1 die Anrechnung gesetzlicher Renten, soweit sie auf Pflichtbeiträgen beruhen; der Umstand, dass die Rente nicht tatsächlich bezogen wird, steht der Anrechnung nicht entgegen.
8. Der Mindestsatz der Gesamtversorgung (hier nach III 5, 6 VO iVm. SP 2000) ist, um die anzurechnende Direktversicherung und die fiktive volle Erwerbsminderungsrente zu vermindern; daraus folgt die geschuldete Zusatzrente (zzgl. Anpassung nach § 16 BetrAVG), ein darüberhinausgehender Anspruch besteht nicht.

Zum Tatbestand:

- Die Klägerin (geb. 29.11.1952) war vom 01.09.1969 bis 31.05.2003 bei der Beklagten bzw. deren Rechtsvorgängerin beschäftigt und hatte eine Zusage auf betriebliche Altersversorgung nach einer Versorgungsordnung (VO), die als Gesamtversorgung aus Direktversicherung, A-Zusatzrente und gesetzlicher Rente ausgestaltet ist.
- Im Jahr 2000 kam es zu einem Betriebsübergang; zugleich wurde am 21.03.2000 ein Sozialplan 2000 (SP 2000) abgeschlossen, der für ausscheidende Mitarbeitende u. a. einen Ausschluss zeitratierlicher Kürzungen/Abschläge vorsieht und in V Nr. 3.5 SP 2000 anordnet, dass für die Berechnung „zum Austrittstermin" die Regeln wie im Erwerbsunfähigkeitsfall gelten (ohne Zurechnungszeiten).
- Das Arbeitsverhältnis endete am 31.05.2003; wegen der Abfindung ist für die Berechnung nach V Nr. 3.3 SP 2000 unstreitig ein fiktiver Austritt 31.01.2006 anzusetzen.
- Das letzte Bruttomonatsgehalt betrug 3.350 €.
- Die Beklagte zahlte ab Dezember 2017 eine Zusatzrente (zunächst 561,97 €/Monat, ab 01.01.2020 nach § 16 BetrAVG angepasst auf 588,00 €/Monat).
- Sie ging von einer Mindestgesamtversorgung von 59 % (60 % minus 1 % wegen fiktiven Ausscheidens ein Jahr vor 55) aus und rechnete darauf 35,45 € (fiktive Rente aus Direktversicherung) sowie 1.379,07 € als fiktive Rente wegen voller Erwerbsminderung aus der gesetzlichen Rentenversicherung an.
- Die Klägerin wendet ein, statt einer fiktiven Erwerbsminderungsrente müsse (neben der Direktversicherung) nur die fiktive Altersrente aus der GRV (1.176,52 €) angerechnet werden.
- Außerdem fehle eine ausdrückliche Anrechnungsklausel und sie sei nie erwerbsunfähig gewesen.
- Das Arbeitsgericht gab der Klägerin zunächst (soweit zuletzt anhängig) weitgehend Recht.
- Die Beklagte zahlte nach dem erstinstanzlichen Urteil, stellte dann aber ab Januar 2022 die Rentenzahlungen zunächst ein und erklärte Verrechnung.
- Im Berufungsverfahren wurde u. a. über weitere Zahlungszeiträume gestritten.
- Das LAG sprach zuletzt nur 588,00 €/Monat für Jan 2022 bis Mai 2023 zu und wies weitergehende Ansprüche ab.
- Die Revision wurde nur teilweise zugelassen.
- Die Klägerin verfolgte den höheren Betrag weiter.

Aus den Entscheidungsgründen:

11 **„Die Revision der Klägerin ist unbegründet. Das Landesarbeitsgericht hat die Klage - soweit sie noch Gegenstand des Revisionsverfahrens ist - zu Recht abgewiesen. Der Feststellungsantrag fällt dem Senat nicht zur Entscheidung an.**

12 **I. Mit ihrer Revision wendet sich die Klägerin gegen die teilweise Zurückweisung ihrer Anschlussberufung, mit der sie Zusatzrente für die Zeit vom 1. Januar 2022 bis zum 31. Mai 2023 verlangt und einen weiteren prozessualen Anspruch in das Berufungsverfahren eingebracht hat. Daneben ist Gegenstand des Revisionsverfahrens der von der Klägerin gestellte Feststellungsantrag, über den das Landesarbeitsgericht nicht entschieden hat.**

13 **1. Nicht Gegenstand des Revisionsverfahrens ist das Berufungsurteil, soweit das Landesarbeitsgericht die Klage in Bezug auf die Betriebsrentenansprüche für die Monate Dezember 2017 bis Februar 2021 nebst Zinsen mit der Begründung abgewiesen hat, mögliche Ansprüche der Klägerin seien aufgrund der vorbehaltlosen Zahlung der Beklagten im Dezember 2021 durch Erfüllung erloschen.**

14 2. Dies gilt ebenso, soweit das Landesarbeitsgericht dem mit der Anschlussberufung eingebrachten weiteren Zahlungsantrag über Zusatzrentenansprüche für die Zeit vom 1. Januar 2022 bis zum 31. Mai 2023 teilweise, nämlich iHv. monatlich 588,00 Euro (insgesamt 9.996,00 Euro) nebst Zinsen, entsprochen hat. Die Klägerin ist insoweit nicht beschwert und die Beklagte hat kein Rechtsmittel eingelegt.

15 3. Dagegen ist der im Berufungsverfahren gestellte Feststellungsantrag (mit der von der Klägerin im Revisionsverfahren vorgenommenen Anpassung im Hinblick auf den Zeitpunkt) Gegenstand auch des Revisionsverfahrens. Das Landesarbeitsgericht hat diesen Antrag als unechten Hilfsantrag verstanden, der nur dann zur Entscheidung anfallen soll, wenn den Zahlungsanträgen in einer Höhe von mehr als 588,00 Euro, wenigstens teilweise stattgegeben worden ist. Da nach der Begründungslinie des Landesarbeitsgerichts diese innerprozessuale Bedingung nicht eingetreten ist, hat es den Antrag – insoweit konsequent – nicht beschieden. Allerdings ist der vorinstanzlich nicht beschiedene Hilfsantrag der Klägerin allein durch Einlegung der Revision in Bezug auf ihren Hauptantrag in die Revisionsinstanz gelangt *(vgl. BAG 15. Juli 2021 – 6 AZR 460/20 – Rn. 30, BAGE 175, 257; 24. Oktober 2019 – 2 AZR 101/18 – Rn. 24).*

16 II. Das Landesarbeitsgericht hat den mit der Anschlussberufung angebrachten Zahlungsantrag zu 3., soweit er iHv. 3.592,44 Euro nebst Zinsen Gegenstand des Revisionsverfahrens ist, zu Recht abgewiesen. Der Klägerin steht für den Zeitraum vom 1. Januar 2022 bis zum 31. Mai 2023 eine den ihr zugesprochenen Betrag iHv. monatlich 588,00 Euro übersteigende Zusatzrente nicht zu.

17 1. Der Antrag ist in der gebotenen Auslegung hinreichend bestimmt iSv. § 253 Abs. 2 Nr. 2 ZPO und auch im Übrigen zulässig.

18 a) Der Antrag erstreckt sich zwar dem Wortlaut nach noch auf den im Berufungsverfahren insgesamt geltend gemachten Betrag iHv. 13.588,44 Euro (monatlich 799,32 Euro) nebst Zinsen. Bei der gebotenen, rechtsschutzgewährenden Auslegung *(vgl. zu den Auslegungsgrundsätzen BAG 23. März 2016 – 5 AZR 758/13 –*

Rn. 26 mwN, BAGE 154, 337) ist jedoch nach dem Vorbringen der Klägerin hinreichend erkennbar, dass sie bei sprachlicher Beibehaltung des Antrags – der Reichweite der Zulassung der Revision entsprechend – für die Zeit vom 1. Januar 2022 bis zum 31. Mai 2023 monatlich nur den Betrag von 588,00 Euro übersteigende weitere 211,32 Euro, insgesamt also 3.592,44 Euro, nebst Zinsen verlangt. Dieser Betrag beschreibt die zwischen den Parteien allein noch streitige rechnerische Differenz im Hinblick auf die Berechnung der Zusatzrente. Dieses Antragsverständnis hat die Klägerin in der Senatsverhandlung bestätigt.

19 b) Das die Zusatzrentenansprüche für die Zeit vom 1. Januar 2022 bis zum 31. Mai 2023 betreffende Klagebegehren konnte durch die zulässige Anschlussberufung in das Verfahren eingeführt werden.

20 aa) Die Erweiterung der Klage in der Berufungsinstanz war für die Klägerin als Berufungsbeklagte nur im Wege der Anschlussberufung möglich. Damit ist die Klageerweiterung als Anschlussberufung auszulegen, auch wenn sie nicht als solche bezeichnet ist *(vgl. BAG 21. August 2019 – 7 AZR 563/17 – Rn. 66 mwN).*

21 bb) Die Klägerin hat zunächst mit dem am 19. April 2022 beim Landesarbeitsgericht eingegangenen Schriftsatz vom selben Tag fristgerecht innerhalb der verlängerten Frist zur Beantwortung der Berufung *(vgl. BAG 19. Mai 2016 – 3 AZR 766/14 – Rn. 15; § 64 Abs. 6 Satz 1 ArbGG, § 524 Abs. 2 Satz 2 ZPO)* Anschlussberufung eingelegt und die Klage um Betriebsrentenansprüche für den Zeitraum Januar bis März 2022 iHv. 2.397,96 Euro nebst Zinsen erweitert. Die weitere Klageerweiterung um die Ansprüche von April 2022 bis Mai 2023 erfolgte zwar außerhalb der verlängerten Berufungsbeantwortungsfrist mit am 9. Mai 2023 eingegangenem Schriftsatz vom selben Tag. Das ist aber unschädlich. Weitere Klageerweiterungen sind im Rahmen der zulässigen Anschlussberufung nach Ablauf der Frist zur Berufungsbeantwortung unter denselben Voraussetzungen zulässig wie die Erweiterung der Berufung *(vgl. BGH 29. September 1992 – VI ZR 234/91 – zu II 1 der Gründe; MüKoZPO/Rimmelspacher 6. Aufl. § 524 Rn. 48).* Das Landesarbeitsgericht hat über den Antrag insgesamt in der Sache entschieden. In entsprechender Anwendung von § 268 ZPO ist in der Revisionsinstanz nicht mehr zu prüfen, ob die Klageerweiterung iSv. § 64 Abs. 6 Satz 1 ArbGG iVm. § 533 ZPO zulässig ist *(vgl. BAG 10. November 2021 – 10 AZR 256/20 – Rn. 20 mwN).*

22 2. Der im Revisionsverfahren noch anfallende Zahlungsantrag ist unbegründet. Das Landesarbeitsgericht hat ohne Rechtsfehler angenommen, dass die Klägerin für den Zeitraum von Januar 2022 bis Mai 2023 keinen Anspruch auf eine den Betrag von 588,00 Euro übersteigende Zusatzrente hat. Seine Annahme, bei der Berechnung der Zusatzrente sei nach V Nr. 3.5 SP 2000 die fiktive Rente wegen voller Erwerbsminderung auf den Mindestsatz der Gesamtversorgung anzurechnen, ist revisionsrechtlich nicht zu beanstanden.

23 a) Die Anrechnung anderweitiger Versorgungsleistungen auf betriebliches Ruhegehalt bedarf einer besonderen Rechtsgrundlage, da nicht vereinbarte Anrechnungen mit der Vertragserfüllungspflicht des Arbeitgebers unvereinbar und daher unwirksam sind *(BAG 8. Dezember 2020 – 3 AZR 437/18 – Rn. 86).* Insbesondere statuiert § 5 Abs. 2 BetrAVG kein gesetzliches Anrechnungsrecht, sondern setzt eine solche Rechtsgrundlage voraus *(BAG 13. Juli 2021 – 3 AZR 349/20 – Rn. 21 mwN).* Anrechnungen anderweitiger Bezüge auf eine Betriebsrente sind daher nur insoweit mög-

lich, wie die maßgeblichen Bestimmungen die Anrechnungs- bzw. Berücksichtigungstatbestände, aufgrund derer im Rahmen einer Limitierungsklausel anderweitige Einkünfte berücksichtigt werden, für den Versorgungsberechtigten erkennbar und eindeutig beschreiben *(BAG 13. Juli 2021 – 3 AZR 349/20 – Rn. 22 mwN).* Dabei reicht es jedoch aus, wenn eine Auslegung nach den jeweils anzuwendenden Auslegungsgrundsätzen zum Ergebnis hat, dass anderweitige Versorgungsleistungen auf das betriebliche Ruhegehalt anzurechnen sind *(vgl. BAG 13. Juli 2021 – 3 AZR 349/20 – aaO; 18. Mai 2010 – 3 AZR 97/08 – Rn. 16, BAGE 134, 254).* Eine im Wege der Auslegung ermittelte Rechtsgrundlage für eine Anrechnung muss daher nicht klarer oder eindeutiger gefasst sein als andere Regelungsinhalte.

24 b) Die Auslegung von V Nr. 3.1, 3.5 SP 2000 *(zu den Maßstäben der Auslegung von Sozialplänen vgl. BAG 15. Mai 2018 – 1 AZR 20/17 – Rn. 10 mwN)* iVm. I 2 Buchst. c, III 5 VO ergibt, dass bei der Berechnung der Versorgungsansprüche der Klägerin die fiktiv ermittelte Rente wegen voller Erwerbsminderung anzurechnen ist.

25 aa) Der SP 2000 sieht zum Ausgleich künftiger Nachteile unter V Nr. 3 zunächst Regelungen vor, mit denen die Auswirkungen des Ausscheidens auf Versorgungsansprüche, die den Arbeitnehmern durch die Betriebsänderung entstehen können, erheblich abgemildert werden.

26 (1) Lässt man die durch V Nr. 3 SP 2000 vorgenommenen Anpassungen außer Betracht, hat ein infolge Alters oder Erwerbsunfähigkeit ausgeschiedener Betriebsangehöriger nach 15-jähriger Betriebszugehörigkeit nach III 1 VO Anspruch auf eine Zusatzrente iHv. 15 % des letzten Monatsgehalts. Ergibt der Gesamtbetrag aus den „drei Quellen“ der Gesamtversorgung Direktversicherungen, Rente der gesetzlichen Rentenversicherung und dieser Zusatzrente nicht mindestens 60 % des letzten Monatsgehalts, wird die Zusatzrente nach III 5 VO auf diesen Prozentsatz aufgestockt. Diese Mindestgesamtversorgung von 60 % wird – allerdings nur bei Ausscheiden wegen Erwerbsunfähigkeit oder Tod – nach III 6 VO um ein Prozent des letzten Monatseinkommens für jedes Jahr des Ausscheidens vor Vollendung des 55. Lebensjahres verringert. Bei einem vorzeitigen Ausscheiden vor Eintritt des Versorgungsfalls unterliegen die Versorgungsansprüche nach der VO zudem der zeitratierlichen Kürzung nach V 1 VO iVm. § 2 Abs. 1 Satz 1 BetrAVG, bei Inanspruchnahme der Zusatzrente vor Erreichen der Altersgrenze nach § 6 BetrAVG zudem nach V 5 VO der zusätzlichen Kürzung um einen versicherungsmathematischen Abschlag.

27 (2) Diese Vorgaben mildert der SP 2000 für den Fall eines durch die Betriebsänderung bedingten vorzeitigen Ausscheidens maßgeblich ab. Nach V Nr. 3.1 SP 2000 erhalten mit einer unverfallbaren Anwartschaft ausscheidende Mitarbeiter die zum Zeitpunkt des Ausscheidens erreichte Anwartschaft, die bei Eintritt des Versorgungsfalls in unveränderter Höhe – also ohne zeitratierliche Kürzung nach V 1 VO iVm. § 2 Abs. 1 Satz 1 BetrAVG – gezahlt wird. Das bedeutet, dass Arbeitnehmern, die (wie die Klägerin) zum Zeitpunkt des Ausscheidens die 15-jährige Betriebszugehörigkeit nach III 1 VO erreicht haben, ein wesentlicher Teil der durch das vorzeitige Ausscheiden bedingten Versorgungsnachteile genommen sind. Nach V Nr. 3.1 Satz 3 SP 2000 findet zudem bei vorzeitiger Inanspruchnahme der Zusatzrente (nach § 6 BetrAVG) keine weitere Kürzung um einen versicherungsmathematischen Abschlag (wie in der VO vorgesehen) statt. Nach V Nr. 3.3 SP 2000 werden schließlich für die

Berechnung der Versorgungsansprüche die Monate, für die eine Abfindung gezahlt wird, als anrechenbare Dienstzeit und Wartezeit im Rahmen der jeweiligen betrieblichen Versorgungsregelung und des BetrAVG mitgerechnet.

28 bb) Die hier im Streit stehende Vorschrift in V Nr. 3.5 SP 2000 ist im Lichte dieser Nachteilsausgleichsbestimmungen auszulegen. Nach ihrem Wortlaut gelten „für die Berechnung der Versorgungsansprüche zum Austrittstermin" die „gleichen Regelungen wie [bei] der Berechnung im Erwerbsunfähigkeitsfall", wobei – hier nicht einschlägig – besondere Zurechnungszeiten nach einer Versorgungsordnung ausgenommen sind. Dieser Wortlaut lässt klar erkennen, dass der Versorgungsanspruch nach V Nr. 3.1 SP 2000 – also die zum maßgeblichen Ausscheidenszeitpunkt erreichte ungekürzte Anwartschaft – nach der jeweiligen Versorgungsordnung (fiktiv) so zu berechnen ist, wie wenn zu diesem Zeitpunkt der Versorgungsfall Erwerbsunfähigkeit eingetreten wäre. Die Regelung gibt damit nach ihrem Wortlaut unzweideutig die Berechnung insgesamt nach dieser Prämisse vor.

29 cc) Mit dem Verweis auf „die gleichen Regelungen wie [bei] der Berechnung im Erwerbsunfähigkeitsfall" gibt die Regelung in V Nr. 3.5 SP 2000 hinreichend deutlich zu erkennen, dass für die Arbeitnehmer, die – wie die Klägerin – Versorgungsansprüche nach der VO haben, im Rahmen der Berechnung der Mindestgesamtversorgung nach I 2 Buchst. c, III 5 VO nicht die gesetzliche Altersrente, sondern eine fiktive Erwerbsminderungsrente Anrechnung findet. Die Berechnung der Zusatzrente „im Erwerbsunfähigkeitsfall" hat nach III 6 VO zunächst die Kürzung des Mindestsatzes der Gesamtversorgung für jedes Jahr des Ausscheidens vor dem 55. Lebensjahr zur Folge. Zudem ist nach der VO im Fall des Ausscheidens wegen Erwerbsunfähigkeit bei der Ermittlung des Mindestbetrags der Gesamtversorgung nach III 5 VO die Erwerbsminderungsrente zu berücksichtigen, da I 2 Buchst. c VO als eine der drei in die Gesamtbetrachtung einzubeziehenden „drei Quellen" die „Renten der gesetzlichen Rentenversicherung" nennt. Damit kann für den Versorgungsfall Erwerbsunfähigkeit ohne abweichende Regelung als einschlägige gesetzliche Rente (mittlerweile) nur die Erwerbsminderungsrente gemeint sein. Sieht die Versorgungsordnung – wie hier – davon ab, den Begriff der Erwerbsunfähigkeit oder Erwerbsminderung selbst zu definieren und den Eintritt des Versorgungsfalls eigenständig festzulegen, sollen in der Regel die sozialversicherungsrechtlichen Gegebenheiten übernommen werden *(BAG 19. Mai 2016 – 3 AZR 794/14 – Rn. 41 mwN, BAGE 155, 125).* Unschädlich ist, dass die VO und der SP 2000 noch den Begriff der „Erwerbsunfähigkeit" verwenden. Nach Inkrafttreten des Rentenreformgesetzes zum 1. Januar 2001 kann der Arbeitnehmer durch einen Bescheid der Rentenversicherung eine Berufs- oder Erwerbsunfähigkeit zwar nicht mehr nachweisen; gemäß § 43 SGB VI nF ist an die Stelle der Rente wegen Berufsunfähigkeit und der Rente wegen Erwerbsunfähigkeit aber die Rente wegen Erwerbsminderung getreten. Die Rente wegen voller Erwerbsminderung entspricht nach Voraussetzungen und Inhalt der früheren Erwerbsunfähigkeitsrente *(vgl. BAG 19. Mai 2016 – 3 AZR 794/14 – Rn. 47, aaO).*

30 dd) Diese in V Nr. 3.5 SP 2000 gewählte Berechnungsweise fügt sich in den weiteren Regelungsinhalt des SP 2000 zur betrieblichen Altersversorgung ein, soweit V Nr. 3.1 SP 2000 die zeitratierliche Kürzung bei vorzeitigem Ausscheiden ausschließt, denn bei Eintritt des Versorgungsfalls Erwerbsunfähigkeit während des bestehenden Arbeitsverhältnisses findet (mangels vorzeitigen Ausscheidens) eine zeitratierliche Kürzung ebenso nicht statt. Die Regelung gibt damit bei im Übrigen weitgehender Besser-

stellung der von der Betriebsänderung betroffenen Arbeitnehmer eine dem typischen Fall des frühzeitigen Ausscheidens ohne zeitratierliche Kürzung entsprechende Berechnung vor. Diesem Auslegungsergebnis stehen Sinn und Zweck der Sozialplanregelungen zur betrieblichen Altersversorgung daher auch nicht entgegen. Sozialpläne haben eine zukunftsbezogene Ausgleichs- und Überbrückungsfunktion. Die in ihnen vorgesehenen Leistungen sollen die künftigen Nachteile ausgleichen, die den Arbeitnehmern durch die Betriebsänderung entstehen können *(BAG 15. Mai 2018 – 1 AZR 20/17 – Rn. 10)*. Diesem grundsätzlichen Anliegen werden die Regelungen in V Nr. 3.1 und 3.3 SP 2000 gerecht, ein umfassender Nachteilsausgleich ist hingegen nicht erforderlich und gerade dem Regelungszweck von V Nr. 3.5 SP 2000 isoliert nicht zu entnehmen. Berücksichtigt man, dass der Sozialplan im Übrigen die Ansprüche nach der VO erheblich verbessert bzw. die betriebsänderungsbedingten Nachteile bereits weitgehend ausgleicht, kann auch keine Rede davon sein, die Klägerin habe die durch ihr Ausscheiden bedingte Versorgungslücke alleine zu tragen.

31 ee) Dem gefundenen Ergebnis steht schließlich nicht entgegen, dass die Erwerbsminderungsrente nach V Nr. 3.5 SP 2000 „fiktiv" („wie [bei] der Berechnung im Erwerbsunfähigkeitsfall") ermittelt und angerechnet wird und die Klägerin tatsächlich keine Erwerbsminderungsrente bezogen hat. Sie konnte mit einer entsprechenden fiktiven Berechnungsweise gleichwohl rechnen, denn die Anrechnung fiktiver Sozialversicherungsrenten ist bei der Berechnung von Betriebsrentenansprüchen bei vorzeitigem Ausscheiden üblich. Zudem löst sich die insgesamt begünstigende Sozialplanregelung in weiten Teilen von der Berechnungsweise der VO.

32 ff) Auf die (ohnehin „unverbindliche") Rentenberechnung der A Aktiengesellschaft vom 13. April 2020 kann sich die Klägerin zur Begründung des abweichenden Verständnisses schon deshalb nicht berufen, weil die Berechnung danach ersichtlich nicht auf Grundlage der Regelungen des SP 2000 erfolgt ist. Hierauf beruft sich die Klägerin im Revisionsverfahren auch nicht mehr.

33 c) Die in V Nr. 3.1, 3.5 SP 2000 iVm. I 2 Buchst. c, III 5 VO geregelte Berücksichtigung der Erwerbsminderungsrente bei der Berechnung der Zusatzrente verstößt nicht gegen § 5 Abs. 2 BetrAVG.

34 aa) Nach § 5 Abs. 2 Satz 1 BetrAVG dürfen Leistungen der betrieblichen Altersversorgung durch Anrechnung oder Berücksichtigung anderer Versorgungsbezüge, soweit diese auf eigenen Beiträgen des Versorgungsempfängers beruhen, nicht gekürzt werden. Das gilt nach § 5 Abs. 2 Satz 2 BetrAVG nicht für Renten aus den gesetzlichen Rentenversicherungen, soweit sie auf Pflichtbeiträgen beruhen, sowie für sonstige Versorgungsbezüge, die mindestens zur Hälfte auf Beiträgen oder Zuschüssen des Arbeitgebers beruhen. Aus Satz 2 der Vorschrift ergeben sich keine eigenständigen Anrechnungsverbote. Die Bestimmung schränkt vielmehr das Anrechnungsverbot des Satzes 1 ein und erweitert damit die Anrechnungsmöglichkeiten *(BAG 11. Dezember 2018 – 3 AZR 453/17 – Rn. 42, BAGE 164, 294; 18. Mai 2010 – 3 AZR 80/08 – Rn. 27)*. Entscheidend für das Anrechnungsverbot des § 5 Abs. 2 Satz 1 BetrAVG ist deshalb allein, dass der Arbeitnehmer zumindest auch eigene Beiträge aufwenden musste *(BAG 11. Dezember 2018 – 3 AZR 453/17 – aaO; missverständlich insoweit BAG 18. Mai 2010 – 3 AZR 80/08 – aaO)*.

35 bb) Die hier zu berücksichtigende Erwerbsminderungsrente unterfällt zwar grundsätzlich dem Anrechnungsverbot des § 5 Abs. 2 Satz 1 BetrAVG, weil die Klägerin

insoweit auch Eigenbeiträge erbracht hat. Die Anrechnung ist jedoch zulässig, weil sie von § 5 Abs. 2 Satz 2 Alt. 1 BetrAVG gedeckt ist. Die Erwerbsminderungsrente ist eine Rente aus der gesetzlichen Rentenversicherung, die auf Pflichtbeiträgen beruht.

36 cc) Der Nichtanwendung des Anrechnungsverbots steht nicht entgegen, dass die Klägerin die Erwerbsminderungsrente tatsächlich nicht bezogen hat. Darauf kommt es nach dem Zweck des Gesetzes nicht an *(vgl. zur Zulässigkeit der Anrechnung fiktiver Renten BAG 8. Dezember 2020 – 3 AZR 437/18 – Rn. 74; 16. Dezember 1986 – 3 AZR 631/84 –).* Das Anrechnungsverbot nach § 5 Abs. 2 BetrAVG soll Leistungen der Eigenvorsorge schützen, um eine Benachteiligung von Arbeitnehmern zu vermeiden, die sich während des Arbeitslebens eine eigene Altersversorgung verschafft haben *(vgl. ErfK/Steinmeyer 24. Aufl. BetrAVG § 5 Rn. 6).* Die anrechenbare gesetzliche Rente, die nicht allein auf eigenen Beiträgen des Arbeitnehmers, sondern auf beiderseitigen Pflichtbeiträgen beruht, wird aber nicht dadurch zur anrechnungsfreien Eigenvorsorge, dass sie „fiktiv" zu berücksichtigen ist.

37 d) Demgemäß berechnet sich der Zusatzrentenanspruch der Klägerin wie folgt: Nach III 5 und 6 VO iVm. V Nr. 3.5 SP 2000 beträgt der Mindestsatz von der Gesamtversorgung 59 % (60 % abzgl. 1 %) des letzten Bruttomonatsgehalts der Klägerin iHv. 3.350,00 Euro, mithin 1.976,50 Euro. Darauf ist anzurechnen die monatliche fiktive Rente aus der Direktversicherung iHv. 35,45 Euro (vgl. I 2 Buchst. a VO) sowie eine monatliche fiktive Rente wegen voller Erwerbsminderung aus der gesetzlichen Rentenversicherung in unstreitiger Höhe von 1.379,07 Euro. Der sich ergebende Mindestbetrag der Zusatzrente iHv. 561,97 Euro wurde zum 1. Januar 2020 um 4,55 % auf 588,00 Euro monatlich angepasst. Über diesen Betrag hinausgehende Zusatzrentenansprüche hat die Klägerin nicht.

38 III. Der im Revisionsverfahren gestellte Feststellungsantrag fällt dem Senat nicht zur Entscheidung an.

39 1. Der Antrag ist nach der wohlverstandenen Interessenlage der Klägerin – anders als sein Wortlaut erkennen lässt – auf die Feststellung der Verpflichtung der Beklagten gerichtet, an die Klägerin ab Juni 2023 monatlich über den Betrag von 588,00 Euro hinausgehend eine Zusatzrente iHv. 211,32 Euro, insgesamt also iHv. 799,32 Euro zu zahlen. Die streitigen Versorgungsansprüche im Zeitraum vor Juni 2023 sind bereits Gegenstand der (zum Teil bereits rechtskräftig entschiedenen) Leistungsanträge. Den Betrag iHv. 588,00 Euro monatlich zahlt die Beklagte – wie die Parteien in der Senatsverhandlung klargestellt haben – seit Juni 2023 aus, ihre Zahlungsverpflichtung ist insoweit unstreitig. Dieses Antragsverständnis hat die Klägerin in der Senatsverhandlung bestätigt.

40 2. In diesem Verständnis ist die Annahme des Landesarbeitsgerichts, der Antrag sei als unechter Hilfsantrag in dem Sinne zu verstehen, dass er nur dann zur Entscheidung anfallen soll, wenn den Zahlungsanträgen iHv. monatlich mehr als 588,00 Euro wenigstens teilweise stattgegeben wird. Da die Beklagte ihre Zahlungsverpflichtung iHv. 588,00 Euro ab Juni 2023 nicht bestreitet, liegt es im Kosteninteresse der Klägerin, wenn über ihn nur entschieden wird, wenn die Streitfrage der Anrechnung der Erwerbsminderungsrente im Zusammenhang mit dem Leistungsantrag zu ihren Gunsten entschieden wird. Gegen dieses Verständnis wendet sich die Klägerin im Revisionsverfahren der Sache nach auch nicht.

41 3. Da die innerprozessuale Bedingung, unter der der Hilfsantrag gestellt wurde, mit der Abweisung des im Revisionsverfahren noch anhängigen Leistungsantrags nicht eingetreten ist, fällt der Feststellungsantrag nicht zur Entscheidung an.

42 IV. Die Kostenentscheidung folgt aus § 97 Abs. 1 ZPO.“

3.4 Betriebliche Altersversorgung – Übernahme betriebsrentenrechtlicher Zusagen und Insolvenz

BAG Entscheidung vom 6. Mai 2025 – 3 AZR 130/24

Dem dritten Senat zur Entscheidung vorgelegt:

Der dritte Senat des Bundesarbeitsgerichts hatte im Revisionsverfahren über die Frage zu entscheiden, ob der Pensions-Sicherungs-Verein bei einem vertraglichen Arbeitgeberwechsel („Firmenwechselvertrag") mit Übernahme einer bestehenden Altersversorgungszusage nach § 4 Abs. 2 Nr. 1 BetrAVG, der innerhalb von zwei Jahren vor Eintritt des Sicherungsfalls erfolgt, wegen § 7 Abs. 5 Satz 3 Nr. 2 BetrAVG nur bis zur dort vorgesehenen Begrenzung (Übertragungswert/Beitragsbemessungsgrenze) einstandspflichtig ist und der darüberhinausgehende Teil der Versorgungsanwartschaft nicht insolvenzgeschützt ist.

Tenor des Urteils:

- *Die Revision des Klägers gegen das Urteil des Landesarbeitsgerichts Köln vom 24. April 2024 – 5 Sa 457/23 – wird zurückgewiesen.*
- *Der Kläger hat die Kosten der Revision zu tragen.*

Leitsatz des Gerichts:

„Zu den Zusagen iSd. § 7 Abs. 5 Satz 3 BetrAVG, die den Pensions-Sicherungs-Verein in den zwei Jahren vor dem Sicherungsfall nicht zur umfassenden Sicherung verpflichten, zählen auch vertragliche Arbeitgeberwechsel mit Übernahme der Altersversorgungszusage durch den neuen Arbeitgeber iSd. § 4 Abs. 2 Nr. 1 BetrAVG."

Redaktionell zusammenfassende Leitsätze zu den zentralen rechtlichen Überlegungen und Feststellungen der Entscheidung des Gerichts:

1. Bestreitet der Pensions-Sicherungs-Verein (PSV) den Insolvenzschutz nach § 7 Abs. 2 BetrAVG, kann der Anwärter den Bestand und Umfang des Insolvenzschutzes bereits vor Eintritt des Versorgungsfalls im Wege der Feststellungsklage (§ 256 Abs. 1 ZPO) klären lassen.
2. § 7 Abs. 5 Satz 3 BetrAVG enthält eine unwiderlegbare Vermutung und damit einen zeitlich begrenzten objektiven Ausschlusstatbestand; auf einen positiv feststellbaren (oder vermuteten) Versicherungsmissbrauch kommt es nicht an.
3. „Zusage" und „Verbesserung" sind weit zu verstehen und erfassen alle Änderungen, die den Begünstigten im Hinblick auf den gesetzlichen Insolvenzschutz gegenüber dem bisherigen Zustand besserstellen (Planbarkeit/Kalkulierbarkeit der PSV-Risiken).
4. Zu den „Zusagen" iSd. § 7 Abs. 5 Satz 3 BetrAVG zählen auch vertragliche Schuldnerwechsel; damit fällt der dreiseitige Arbeitgeberwechsel mit Übernahme der Versorgungszusage nach § 4 Abs. 2 Nr. 1 BetrAVG in den sachlichen Anwendungsbereich.
5. Erfolgt dies innerhalb von zwei Jahren vor dem Sicherungsfall, ist der PSV nach § 7 Abs. 5 Satz 3 Nr. 2 BetrAVG nur begrenzt einstandspflichtig (Übertragungswert bis zur BBG).
6. Eine teleologische Reduktion scheidet auch dann aus, wenn auch über das Vermögen des bisherigen Arbeitgebers Insolvenz eröffnet wird; der Anspruch gegen

den PSV folgt dem Anspruch gegen den insolventen Vertragsarbeitgeber, Billigkeitserwägungen haben insoweit keinen Raum.

7. Konzernkonstellationen ändern daran nichts; die Auslegung steht zudem mit Art. 12 Buchst. a RL 2008/94/EG in Einklang.

Zum Tatbestand:

- Der 1962 geborene Kläger war seit April 1991 zunächst bei der E KG beschäftigt und erhielt dort betriebliche Versorgungszusagen (u. a. auf Grundlage einer Betriebsvereinbarung).
- Zum 1. Mai 2008 wurde sein Arbeitsverhältnis von der E AG übernommen, die 2014 in die E SE umgewandelt wurde.
- Am 31. Dezember 2018 schlossen der Kläger, die E SE (Vorarbeitgeberin) und die E A GmbH & Co. KG (neue Arbeitgeberin) einen dreiseitigen „Firmenwechselvertrag“.
- Das Arbeitsverhältnis sollte zum 1. Januar 2019 mit allen Rechten und Pflichten übergehen.
- Zugleich übernahm die neue Arbeitgeberin „alle Anwartschaften“ aus bestimmten Versorgungsordnungen (VO 2010, VO 2017) als Übernahme nach § 4 Abs. 2 Nr. 1 BetrAVG.
- Dabei wurden u. a. Rückstellungswerte und Fondsanteile übertragen, und die Zusage der Vorarbeitgeberin sollte mit Vollzug erlöschen (bei unverändertem arbeitsrechtlichem Versorgungsanspruch).
- Über die Vermögen beider Gesellschaften (E A GmbH & Co. KG und E SE) wurden am 1. Oktober 2019 Insolvenzverfahren eröffnet.
- Die bis zum 1. Januar 2019 erdienten Anwartschaften bezifferte der Kläger zuletzt auf 351.992,55 Euro.
- Der PSV teilte dem Kläger im Mai 2022 mit, die gesicherte Anwartschaft betrage 115.472,85 Euro.
- Der darüber hinausgehende Teil sei wegen § 7 Abs. 5 Satz 3 BetrAVG nicht insolvenzgeschützt.
- Der Kläger meinte dagegen, § 7 Abs. 5 Satz 3 BetrAVG sei nicht anwendbar, weil der Firmenwechselvertrag keine (neue) Zusage erteilt oder eine Zusage verbessert habe; es sei nur eine bestehende Zusage „fortgeführt“ worden.
- Außerdem erfasse § 7 Abs. 5 Satz 3 BetrAVG die Übernahme nach § 4 Abs. 2 Nr. 1 BetrAVG nicht (anders als § 4 Abs. 2 Nr. 2 BetrAVG).
- Jedenfalls müsse wegen der Insolvenz beider Arbeitgeber die Anwendung ausscheiden.
- Er beantragte (soweit revisionsrelevant) die Feststellung, dass der PSV über 115.472,85 Euro hinaus eine weitere unverfallbare Anwartschaft von 236.519,70 Euro aufrechtzuerhalten habe.
- Das Arbeitsgericht Köln gab dem Kläger zunächst in voller Höhe recht.
- Auf Berufung des PSV änderte das LAG Köln dies ab und wies die Klage soweit über 115.472,85 Euro hinausgehend ab.
- Hiergegen richtete sich die Revision des Klägers.

Aus den Entscheidungsgründen:

11 **„Die Revision des Klägers bleibt ohne Erfolg. Das Berufungsgericht hat auf die Berufung des Beklagten das Urteil des Arbeitsgerichts zu Recht teilweise abgeändert und die Klage im noch anhängigen Teil abgewiesen. Sie ist zulässig, aber unbegründet. Dem Kläger stehen über den rechtskräftig zugesprochenen Teilbetrag hinaus keine weiteren Ansprüche gegen Beklagten zu.**

12 **I. Die Feststellungsklage ist gemäß § 256 Abs. 1 ZPO zulässig. Wenn der Beklagte als gemäß § 14 Abs. 1 Satz 1 BetrAVG gesetzlicher Träger der Insolvenzsicherung den Insolvenzschutz einer Anwartschaft gemäß § 7 Abs. 2 BetrAVG – wie hier – in Abrede stellt, kann der Anwärter auch vor dem Versorgungsfall den Insolvenzschutz seiner Anwartschaften und deren Umfang gerichtlich feststellen lassen *(BAG 22. September 1987 – 3 AZR 662/85 – zu A 1 der Gründe, BAGE 56, 138).***

13 **II. Die Klage ist im noch anhängigen Umfang unbegründet. Das Berufungsgericht hat zu Recht angenommen, dass der Anspruch des Klägers gegen den Beklagten auf Feststellung des Insolvenzschutzes im geltend gemachten Umfang wegen § 7 Abs. 5 Satz 3 Nr. 2 BetrAVG nicht besteht.**

14 1. Nach § 7 Abs. 5 Satz 3 Nr. 2 BetrAVG besteht ein Anspruch auf Leistungen gegen den Träger der Insolvenzsicherung bei Zusagen und Verbesserungen von Zusagen, die in den beiden letzten Jahren vor dem Eintritt des Sicherungsfalls erfolgt sind, für im Rahmen von Übertragungen gegebene Zusagen nur, soweit der Übertragungswert die Beitragsbemessungsgrenze in der allgemeinen Rentenversicherung nicht übersteigt. Bei der Schuldübernahme durch die neue Arbeitgeberin des Klägers gemäß dem Firmenwechselvertrag vom 31. Dezember 2018 handelt es sich um eine solche Zusage bzw. Verbesserung der Versorgungszusage des Klägers im Rahmen einer Übertragung innerhalb von zwei Jahren vor Eintritt des Sicherungsfalls.

15 a) Für die Anwendung von § 7 Abs. 5 Satz 3 BetrAVG kommt es nicht darauf an, ob ein Versicherungsmissbrauch positiv festgestellt wird (Satz 1) oder widerleglich zu vermuten ist (Satz 2). § 7 Abs. 5 Satz 3 BetrAVG enthält eine unwiderlegbare Vermutung und damit einen zeitlich begrenzten objektiven Ausschlusstatbestand *(BAG 21. Juli 2020 – 3 AZR 142/16 – Rn. 36 mwN, BAGE 171, 307).*

16 b) Die Ausschlusstatbestände des § 7 Abs. 5 BetrAVG setzen voraus, dass eine Versorgungszusage im Hinblick auf den gesetzlichen Insolvenzschutz erteilt oder verbessert worden ist, wobei nach § 7 Abs. 5 Satz 3 BetrAVG dafür ausschließlich die zeitliche Nähe zum Sicherungsfall genügt. Die Begriffe der Zusage und ihrer Verbesserung sind zum Schutz des Trägers der Insolvenzsicherung und zur Vermeidung von Missbrauch weit zu verstehen *(BAG 21. Juli 2020 – 3 AZR 142/16 – Rn. 37 mwN, BAGE 171, 307).*

17 c) Der Ausschlusstatbestand beruht auf der unwiderlegbaren Vermutung, dass Leistungszusagen und -verbesserungen in zeitlichem Zusammenhang mit dem wirtschaftlichen Zusammenbruch des Arbeitgebers auf spekulativen Erwägungen beruhen und den Zweck verfolgen, dem Träger der Insolvenzsicherung voraussichtlich nicht erfüllbare Zusagen aufzubürden *(vgl. BAG 24. Juni 1986 – 3 AZR 645/84 – zu II 1 a der Gründe, BAGE 52, 226).* Einer Missbrauchsabsicht bedarf es nicht *(BT-Drs. 7/2843 S. 26 ff.; BT-Drs. 12/3803 S. 110 ff.).*

18 d) Unter Zusagen und Verbesserungen von Zusagen iSd. § 7 Abs. 5 Satz 3 BetrAVG sind alle Änderungen zu verstehen, die den Begünstigten im Vergleich zu der bis dahin geltenden Zusage mit Wirkung für den Insolvenzschutz besserstellen. Verbesserungen, die ohnehin nach dem Leistungsplan eintreten sollten, werden von der Beschränkung des Insolvenzschutzes nicht erfasst *(BAG 24. Juni 1986 – 3 AZR 645/84 – zu II 1 b der Gründe, BAGE 52, 226).* Eine Abgrenzung zwischen den Begriffen der Zusage und ihrer Verbesserung ist dabei nicht von zentraler Bedeutung. Die Sätze 1 bis 3 des § 7 Abs. 5 BetrAVG verwenden sie in unterschiedlicher Form, stellten zeitweise nur auf Verbesserungen ab und wurden vom Gesetzgeber auf Rechtsprechung des Senats hin entsprechend angepasst. Wenn schon Verbesserungen einer Versorgungszusage die Vermutung des Versicherungsmissbrauchs begründen, dann muss dies erst recht für eine (neue) Zusage gelten *(BAG 24. November 1998 – 3 AZR 423/97 – zu III 1 der Gründe, BAGE 90, 212).* Die gesetzgeberische Ergänzung des Wortlauts des § 7 Abs. 5 Satz 3 BetrAVG um das Merkmal der „Zusage“ sollte insoweit allein klarstellender Natur sein *(vgl. BT-Drs. 15/ 2150 S. 54 ohne nähere Begründung der Veränderung).*

19 e) Zu den Zusagen iSd. § 7 Abs. 5 Satz 3 BetrAVG zählen erstmalige Zusagen, deren Verbesserungen aber auch vertragliche Schuldnerwechsel. Daher fallen auch vertragliche Arbeitgeberwechsel mit der Übernahme der Altersversorgungsverpflichtung durch den neuen Arbeitgeber iSd. § 4 Abs. 2 Nr. 1 BetrAVG in den sachlichen Anwendungsbereich *(vgl. Kisters-Kölkes/Berenz/Huber/Betz-Rehm/Borgers BetrAVG 10. Aufl. § 7 Rn. 225; HWK/Schipp 11. Aufl. § 7 BetrAVG Rn. 58a; Pakirnus in Schlewing/Henssler/Schipp/Schnitker Stand Januar 2025 Teil 12 Rn. 129; Uckermann/ Braun 2. Aufl. BetrAVG § 7 Rn. 232).* Das folgt vor allem aus der Schutzrichtung des § 7 Abs. 5 Satz 3 BetrAVG und dem gesetzgeberischen Willen bei der Schaffung des § 4 Abs. 2 BetrAVG.

20 aa) Zwar spricht der Wortlaut des § 7 Abs. 5 Satz 3 BetrAVG nicht eindeutig für diese Annahme. Bei der Schuldübernahme iSv. § 4 Abs. 2 Nr. 1 BetrAVG kommt es – anders als bei der Übertragung nach § 4 Abs. 2 Nr. 2 BetrAVG – nicht zur Erteilung einer (neuen) Zusage durch den neuen Arbeitgeber *(zutr. Berger NZI 2024, 853, 854),* sondern vielmehr zu einer bloßen Übernahme der Zusage des alten Arbeitgebers, wie auch § 1b Abs. 1 Satz 3 BetrAVG zeigt *(vgl. zur sog. Einheit der Versorgungszusage BAG 12. Februar 1981 – 3 AZR 163/80 – zu II 3 der Gründe, BAGE 35, 71).* Die Übernahme einer Versorgungszusage unterbricht nicht den Ablauf der Unverfallbarkeitsfristen und bedarf anders als die Übertragung nach § 4 Abs. 2 Nr. 2 BetrAVG keiner zusätzlichen Sicherung gemäß § 4 Abs. 2 Nr. 2 Halbs. 2 BetrAVG, der auf die Regeln der Entgeltumwandlung und damit auf die sofortige Unverfallbarkeit gemäß § 1b Abs. 5 BetrAVG verweist. Allerdings bezieht sich § 7 Abs. 5 Satz 3 Nr. 2 BetrAVG unterschiedslos auf „im Rahmen von Übertragungen gegebene Zusagen“ und erfasst damit auch die in § 4 BetrAVG mit der Überschrift „Übertragung“ und der Regelung in Abs. 1 „übertragen“ gemeinte Übernahme iSd. § 4 Abs. 2 Nr. 1 BetrAVG.

21 bb) Zudem wird die Zusage bei der Schuldübernahme durch den neuen Arbeitgeber als eigene (neue) Verbindlichkeit übernommen *(Grüneberg/Grüneberg 84. Aufl. BGB Überbl. v. § 414 Rn.* 1). In Bezug auf die Person des Schuldners bleibt das Schuldverhältnis also gerade nicht identisch. Aufgrund der Schuldübernahme besteht vielmehr nunmehr die Gefahr, dass der neue Arbeitgeber des Insolvenzschutzes eher bedarf als der vorige.

22 cc) Systematisch lässt sich zwar gegen eine Anwendung des § 7 Abs. 5 Satz 3 Nr. 2 BetrAVG einwenden, dass es nur bei einer Übertragung nach § 4 Abs. 2 Nr. 2, Abs. 3 BetrAVG zwingend zur Übertragung eines sog. Übertragungswerts kommt, den § 7 Abs. 5 Satz 3 Nr. 2 BetrAVG als Rückausnahme voraussetzt. Indes kann es auch bei der Übernahme nach § 4 Abs. 2 Nr. 1 BetrAVG – wie der vorliegende Fall zeigt – zur vertraglichen Übertragung von Werten bei der Übernahme kommen, die § 4 Abs. 2 Nr. 2 BetrAVG entsprechen. Zudem kann § 7 Abs. 5 Satz 3 BetrAVG unabhängig von der Reichweite der Rückausnahme in Nr. 2 ausgelegt und angewendet werden.

23 dd) Auch der Gesetzgeber geht in Fällen der Übernahme iSv. § 4 Abs. 2 Nr. 1 BetrAVG von einer Anwendbarkeit des § 7 Abs. 5 Satz 3 BetrAVG aus, wie sich aus der Gesetzesbegründung ergibt *(BT-Drs. 15/2150 S. 54).* Die neuen Möglichkeiten zur Portabilität sollen demnach praktisch nur dann genutzt werden dürfen, wenn sichergestellt ist, dass das übertragene Betriebsrentenkapital des Arbeitnehmers beim neuen Arbeitgeber von Anfang an insolvenzgeschützt ist. Deshalb soll die Zwei-Jahres-Schutzfrist zugunsten des Beklagten in diesen Fällen und insoweit grundsätzlich keine Anwendung finden *(BT-Drs. 15/2150 S. 54).* Um das Risiko des Beklagten und der ihn finanzierenden Arbeitgeber kalkulierbar zu halten, wurde seine Einstandspflicht aber gerade auf die Höhe des Übertragungsbetrags begrenzt, auf dessen Mitnahme der Arbeitnehmer ein Recht hat. Wird darüber hinaus im Einvernehmen der Beteiligten ein höherer Betrag zum neuen Arbeitgeber mitgenommen, kann dieser in den zwei Jahren vertraglich insolvenzgeschützt werden *(BT-Drs. 15/2150 S. 54).*

24 ee) Die Anwendung des § 7 Abs. 5 Satz 3 Nr. 2 BetrAVG in allen Fällen der Übertragung und Übernahme ist auch vom Sinn und Zweck der Regelung geboten.

25 (1) In beiden Fällen geht es gleichermaßen um die Kalkulierbarkeit des Insolvenzrisikos infolge Schuldnerwechsels für den Beklagten. Wenn schon bei der Übertragung nach § 4 Abs. 2 Nr. 2 BetrAVG der Missbrauch vermutet wird, liegt dies mindestens ebenso – wenn nicht gar erst recht – bei der Übernahme nahe, zumal dort nicht einmal zwingend ein Übertragungswert vorzusehen ist. Die beiden Arten von Übertragungen liegen zudem wertungsmäßig und wirtschaftlich so nahe beieinander, dass dies keine Unterscheidung zu rechtfertigen vermag. Das zeigen in § 4 BetrAVG auch die gesetzlichen Regelungen zur Unverfallbarkeit (Abs. 2 Nr. 2 Halbs. 2) und zum Erlöschen der Zusage (Abs. 6), die eine Übertragung nach Abs. 2 Nr. 2 weitgehend der nach Nr. 1 gleichstellen.

26 (2) Die vom Gesetzgeber angeregte vertragliche Insolvenzsicherung über den Übertragungswert nach § 7 Abs. 5 Satz 3 Nr. 2 BetrAVG hinaus – etwa durch eine Doppeltreuhand – passt auch bei der Schuldübernahme und würde auch dort nicht etwa allein dem Beklagten nutzen *(aA Berger NZI 2024, 853, 854).* Der Forderungsübergang auf den Beklagten nach § 9 Abs. 2 BetrAVG besteht nur im Umfang seiner Eintrittspflicht. Soweit durch die Treuhand Versorgungsverpflichtungen abgesichert werden, die nicht oder nicht in voller Höhe im Insolvenzfall durch die Einstandspflicht des Beklagten abgedeckt sind, ist ein Forderungsübergang auf ihn ausgeschlossen *(BAG 22. September 2020 – 3 AZR 303/18 – Rn. 83, BAGE 172, 217).*

27 (3) Es wäre vor diesem Hintergrund verfehlt, den Beklagten bei der Übernahme einer Versorgungszusage auf § 7 Abs. 5 Satz 1 und 2 BetrAVG zu verweisen. Zum einen setzen diese Ausschlusstatbestände ebenfalls die Erteilung einer Zusage oder

ihre Verbesserung voraus, an der es dann fehlte. Zum anderen soll die Zwei-Jahres-Frist dem Beklagten gerade den Nachweis des konkreten Missbrauchs und der Missbrauchsabsicht aus Vereinfachungs- und Vereinheitlichungsgründen ersparen *(vgl. BT-Drs. 7/2843 S. 9).*

28 (4) Die Übernahme nach § 4 Abs. 2 Nr. 1 BetrAVG kann auch nicht mit einem Betriebsübergang iSv. § 613a Abs. 1 BGB gleichgestellt werden, so dass dahinstehen kann, ob bei diesem § 7 Abs. 5 Satz 3 Nr. 2 BetrAVG zur Anwendung kommt *(aA Berger NZI 2024, 853, 854).* Dagegen könnte sprechen, dass dort anders als bei der Schuldübernahme durch dreiseitigen Vertrag der Übergang des Arbeitsverhältnisses mit allen Rechten und Pflichten nicht gewillkürt, sondern gesetzliche Rechtsfolge ist.

29 f) Die Voraussetzungen des § 7 Abs. 5 Satz 3 BetrAVG sind auch zeitlich erfüllt. Die Übernahme der Versorgungszusage des Klägers durch die neue Arbeitgeberin ist am 31. Dezember 2018 und damit in den letzten zwei Jahren vor dem Eintritt des Sicherungsfalls am 1. Oktober 2019 erfolgt.

30 2. Entgegen der Annahme des Klägers bedarf es keiner Korrektur oder teleologischen Reduktion des § 7 Abs. 5 Satz 3 BetrAVG, wenn im Fall der Schuldübernahme innerhalb des Zwei-Jahres-Zeitraums auch über das Vermögen der übertragenden Arbeitgeberin das Insolvenzverfahren eröffnet wird. Zwar hätte beim alten Arbeitgeber der Insolvenzschutz in voller Höhe fortbestanden. Der Anspruch aus § 7 Abs. 1 BetrAVG folgt aber allein dem Anspruch gegen den insolventen Vertragsarbeitgeber. Billigkeitserwägungen haben insofern beim Insolvenzschutz durch den Beklagten keinen Raum, da ihm anderenfalls keine sichere Planung seiner Risiken möglich wäre.

Der Umstand, dass die Übernahme im Konzern erfolgt ist, verlangt kein abweichendes Ergebnis. Der Arbeitgeberwechsel im Konzern ist der typische von § 4 Abs. 2 Nr. 1 BetrAVG erfasste Fall, da idR nur hier die Übernahme einer bestehenden Zusage und Verpflichtung auf der Grundlage einer „fremden" Versorgungsordnung in Betracht kommt *(vgl. Blomeyer/Rolfs/Otto/Rolfs 8. Aufl. BetrAVG § 4 Rn. 72).*

31 III. Das Ergebnis steht in Einklang mit Unionsrecht. § 7 Abs. 5 Satz 3 BetrAVG hält sich innerhalb der von Art. 12 Buchst. a Richtlinie 2008/94/EG vorgegebenen Grenzen *(BAG 21. Juli 2020 – 3 AZR 142/16 – Rn. 48 ff., BAGE 171, 307).*

32 IV. Die Kostenentscheidung folgt aus § 91 Abs. 1 Satz 1 ZPO."

4. Betriebsrenten

4.1 Anpassung von Versorgungsleistungen – Pensionskasse – Entfallen der Anpassungsprüfungspflicht

BAG Entscheidung vom 6. Mai 2025 – 3 AZR 142/24

Dem dritten Senat zur Entscheidung vorgelegt:

Der dritte Senat des Bundesarbeitsgerichts hatte im Revisionsverfahren über die Frage zu entscheiden, ob der Beklagte verpflichtet ist, die Betriebsrente des Klägers zum 1. Oktober 2019 nach § 16 Abs. 1 BetrAVG anzupassen, oder ob diese Anpassungsprüfungs- und -entscheidungspflicht nach § 16 Abs. 3 Nr. 2 BetrAVG entfällt, weil die Versorgung über eine Pensionskasse durchgeführt wird und ab Rentenbeginn sämtliche auf den Rentenbestand entfallenden Überschussanteile zur Erhöhung der laufenden Leistungen verwendet werden (auch wenn die Pensionskasse zugleich Arbeitgeberin des Klägers ist).

Tenor des Urteils:

- *Die Revision des Klägers gegen das Urteil des Landesarbeitsgerichts Düsseldorf vom 24. April 2024 – 12 Sa 683/23 – wird zurückgewiesen.*
- *Der Kläger hat die Kosten der Revision zu tragen.*

Leitsatz des Gerichts:

Die Anpassungsprüfungs- und -entscheidungspflicht des Arbeitgebers nach § 16 Abs. 1 Satz 1 BetrAVG entfällt nach § 16 Abs. 3 Nr. 2 BetrAVG, wenn die betriebliche Altersversorgung über eine Pensionskasse im Sinne des § 1b Abs. 3 BetrAVG durchgeführt wird und ab Rentenbeginn sämtliche auf den Rentenbestand entfallende Überschussanteile zur Erhöhung der laufenden Leistungen verwendet werden. Dies gilt auch dann, wenn eine Pensionskasse ihren eigenen Arbeitnehmern eine betriebsrentenrechtliche Versorgungszusage erteilt, die über sie selbst als Pensionskasse durchgeführt wird.

Wichtige redaktionell zusammengefasste Leitsätze zu den zentralen rechtlichen Überlegungen und Feststellungen der Entscheidung des Gerichts:

1. Die Verpflichtung des Arbeitgebers, Pflichtbeiträge zu den Tarifen A und B einer Pensionskasse zu zahlen, verbunden mit Anmeldung und Beitragszahlung, ist (auch bei Identität von Arbeitgeber und Pensionskasse) konkludent als betriebsrentenrechtliche Versorgungszusage in Form einer beitragsorientierten Leistungszusage zu qualifizieren; es liegt nicht lediglich eine „reine Beitragszusage" außerhalb des BetrAVG vor.
2. Die Befreiung von der Anpassungsprüfung/-entscheidung nach § 16 Abs. 3 Nr. 2 BetrAVG greift auch dann, wenn eine Pensionskasse ihren eigenen Arbeitnehmern eine Zusage erteilt und die Versorgung über sie selbst durchgeführt wird; die Norm setzt kein Auseinanderfallen von zusagendem Arbeitgeber und Durchführungsweg voraus.
3. Für § 16 Abs. 3 Nr. 2 BetrAVG müssen die Voraussetzungen rechtlich verbindlich bereits bei Eintritt des Versorgungsfalls/Rentenbeginn feststehen.
4. Eine bloß gelebte Verwaltungspraxis genügt nicht.

5. Maßgeblich ist die Rechtslage zum Versorgungsfall.
6. Auf tatsächliche (Un-)Ordnungsmäßigkeit der Überschussverwendung kommt es nicht an, sofern durchsetzbare Ansprüche auf rechtskonforme Überschussberechnung/-verwendung bestehen.
7. „Überschussanteile“ iSv. § 16 Abs. 3 Nr. 2 BetrAVG sind versicherungsrechtlich zu verstehen.
8. Versorgungsberechtigte können die Einhaltung der Vorgaben zur Überschussberechnung und -verteilung – einschließlich aufsichtsrechtlicher Anforderungen – zivilrechtlich durchsetzen.
9. Die satzungsmäßige Vorrang-Zuführung von Überschüssen zur Verlustrücklage steht der Voraussetzung „sämtliche … Überschussanteile“ nicht entgegen.
10. Betriebsrentenrechtlich maßgeblich ist der „restliche“ Überschuss, der den Versicherten zusteht und nicht Arbeitgebern oder der Pensionskasse als solcher.
11. Satzungs- und Bedingungswerke, die Überschüsse zur „Erhöhung bzw. Verbesserung“ der Leistungen sowie „zu sonstigen geschäftsplangemäßen Zwecken (für die einzelnen Tarife)“ vorsehen, verletzen § 16 Abs. 3 Nr. 2 BetrAVG nicht, wenn sich aus Satzung/AVB/TGP ergibt, dass für den Rentenbestand Überschussbeteiligung allein über laufende Überschussanteile erfolgt und eine Verwendung für Sterbegeld, Einmalleistungen oder unangemessene befristete Erhöhungen ausgeschlossen bzw. nur im Rahmen zwingender VAG-Ausnahmen „im Interesse der Versicherten“ zulässig ist.
12. Die Verwendung laufender Überschussanteile zur Minderung eines (jährlichen) Herabsetzungsfaktors bei früherer Leistungsherabsetzung ist als Erhöhung der laufenden Rentenleistung zu werten.
13. Schlussüberschussanteile betreffen demgegenüber die Anwartschaftsphase, nicht die laufende Rente.
14. § 16 Abs. 3 Nr. 2 BetrAVG verlangt eine verursachungsorientierte Zusammenfassung des Rentenbestands (Bestandsgruppen/Gewinnverbände) iSv. § 153 VVG.
15. Anerkannt sind tarif-/zinsbezogene Gewinnverbände.
16. Eine (an BaFin-Hinweisen orientierte) interne, verzinste und zeitnahe Rückführung von Mitteln zwischen Tarifgruppen ist unschädlich, solange kein endgültiger Mittelabfluss die verursachungsgerechte Überschusszuordnung und die Rentenerhöhung beeinträchtigt.

Zum Tatbestand:

- Der 1951 geborene Kläger war vom 01.04.1981 bis 31.12.2014 beim Beklagten beschäftigt.
- Der Beklagte ist ein Versicherungsverein auf Gegenseitigkeit und zugleich eine regulierte Pensionskasse unter BaFin-Aufsicht.
- Bei Arbeitsbeginn erhielt der Kläger eine über den Beklagten selbst durchgeführte Pensionskassenzusage (Tarif A, Pflichtbeiträge arbeitgeberfinanziert).
- Ab September 1984 wurde er auf eigenen Wunsch zusätzlich im Tarif B versichert.
- Der Kläger bezieht seit 01.10.2016 eine Betriebsrente.
- Die Leistung wurde zunächst per Pensionsbescheid festgesetzt.

- In einem außergerichtlichen Vergleich vom 19./21.06.2020 stellten die Parteien u. a. klar, dass Ansprüche auf Rentenanpassung nach § 16 Abs. 1 BetrAVG unberührt bleiben (soweit unverjährt) und dass die Anpassungsprüfungsverpflichtung zum 01.10.2019 gerichtlich geklärt werden soll.
- Außerdem wurde hierfür eine Ausgangsrente (1.326,63 € brutto per 01.10.2016) vereinbart.
- Grundlage des Streits sind u. a. die Satzung 2015, AVB 2015, Tarifbedingungen sowie die Technischen Geschäftspläne (alt/neu), insbesondere zur Überschussbeteiligung und deren Verwendung.
- Der Kläger verlangt eine Rentenanpassung ab 01.10.2019 anhand der Preisentwicklung (von ihm berechnet: +4,95050 %) und daraus folgend +65,67 € monatlich, sowie Nachzahlung für 01.10.2019–30.04.2023 und eine entsprechend höhere laufende Rente ab 01.05.2023.
- Der Kläger wendet ein, dass die Anpassungspflicht nicht nach § 16 Abs. 3 Nr. 2 BetrAVG ausgeschlossen sei (u. a. wegen Übergangsrecht/Verfassungs- bzw. Unionsrechtsbedenken, wegen Identität „Arbeitgeber = Pensionskasse" und weil nicht rechtsverbindlich feststehe, dass ab Rentenbeginn sämtliche Überschüsse des Rentenbestands zur Erhöhung laufender Leistungen verwendet werden; er verweist hierfür auf mögliche andere Verwendungszwecke, frühere Überschuss-/RfB-Maßnahmen, die Möglichkeit ausbleibender Überschusszuteilung sowie angeblich nicht verursachungsgerechte Bestandszusammenfassung/quersubventionierende Effekte).
- Der Beklagte beantragt Klageabweisung und hält § 16 Abs. 3 Nr. 2 BetrAVG für anwendbar.
- Das Regelwerk schreibe die Überschussverwendung verbindlich fest; „Verbesserungen" beträfen die Anwartschaftsphase.
- „Sonstige geschäftsplangemäße Zwecke" seien nur versichertenbezogen und unterlägen den zwingenden VAG-Grenzen.
- Außerdem sei eine Anpassung jedenfalls wegen der wirtschaftlichen Lage nicht geschuldet.
- Das Arbeitsgericht gab der Klage statt.
- Das LAG Düsseldorf wies sie auf Berufung ab.
- Mit der Revision verfolgt der Kläger sein Begehren weiter.

<u>Aus den Entscheidungsgründen:</u>

15 **„Die Revision ist unbegründet. Das Landesarbeitsgericht hat die Klage zu Recht abgewiesen.**

16 **A. Die Klage ist zulässig. Mit dem Zahlungsantrag zu 1. macht der Kläger hinreichend bestimmt (§ 253 Abs. 2 Nr. 2 ZPO) mit einem Gesamtbetrag für die Zeit vom 1. Oktober 2019 bis zum 30. April 2023 eine monatlich um 65,67 Euro brutto höhere Betriebsrente geltend. Bei dem Klageantrag zu 2. handelt es sich um eine entsprechende Klage auf wiederkehrende Leistungen iSd. § 258 ZPO. Bei wiederkehrenden Leistungen, die – wie vorliegend – von keiner Gegenleistung abhängen, können grundsätzlich auch künftig fällig werdende Teilbeträge eingeklagt werden, ohne dass die Besorgnis bestehen muss, der Schuldner werde sich der rechtzeitigen Leistung entziehen *(BAG 11. März 2025 – 3 AZR 136/24 – Rn. 14 mwN).***

17 **B. Die Klage ist unbegründet. Der Kläger hat keinen Anspruch auf Anpassung seiner Betriebsrente nach § 16 Abs. 1 und Abs. 2 BetrAVG um 65,67 Euro brutto monatlich ab dem 1. Oktober 2019. Das Landesarbeitsgericht hat zutreffend erkannt, dass der Anspruch nach § 16 Abs. 3 Nr. 2 BetrAVG entfallen ist, weil die betriebliche Altersversorgung über eine Pensionskasse iSd. § 1b Abs. 3 BetrAVG durchgeführt wird und ab Rentenbeginn sämtliche auf den Rentenbestand entfallenden Überschussanteile zur Erhöhung der laufenden Leistungen verwendet werden. Der Anwendung von § 16 Abs. 3 Nr. 2 BetrAVG in der derzeit geltenden Fassung stehen weder Verfassungs- noch Unionsrecht noch der Umstand entgegen, dass der Kläger Arbeitnehmer der beklagten Pensionskasse ist, über die die von ihr zugesagte betriebliche Altersversorgung durchgeführt wird. Nach den relevanten Regelungen des Beklagten sind in den Tarifen A und B ab Rentenbeginn sämtliche auf den Rentenbestand entfallenden Überschussanteile zur Erhöhung der laufenden Leistungen zu verwenden.**

18 I. Die Anpassungsprüfungs- und -entscheidungsverpflichtung nach § 16 Abs. 1 BetrAVG ist nicht schon deshalb ausgeschlossen, weil der Beklagte dem Kläger keine betriebliche Altersversorgung zugesagt hätte. Nach der arbeitsvertraglichen Vereinbarung vom 16. Februar 1981 iVm. dem „Nachtrag zum Dienstvertrag“ vom 10. September 1984 hat sich der Kläger verpflichtet, eine Mitgliedschaft bei dem Beklagten zu beantragen, und der Beklagte die Verpflichtung zur Zahlung der Pflichtbeiträge zu den Tarifen A und B übernommen. Damit, mit seiner dem Kläger bekannten Anmeldung zu diesen Tarifen und der Beitragszahlung, hat der Beklagte – ungeachtet des Umstands, dass er selbst durchführende Pensionskasse ist – nicht lediglich eine reine Beitragszusage *(außerhalb des Betriebsrentengesetzes, vgl. BAG 14. März 2023 – 3 AZR 197/22 – Rn. 22, BAGE 180, 262)* erteilt, sondern konkludent eine betriebsrentenrechtliche Versorgungszusage in Form einer beitragsorientierten Leistungszusage *(vgl. dazu BAG 10. Dezember 2019 – 3 AZR 122/18 – Rn. 56, BAGE 169, 72)*. Nach den Feststellungen des Landesarbeitsgerichts waren die Beiträge im Streitfall auch vollständig arbeitgeberfinanziert, so dass es nicht darauf ankommt, ob die Zusage des Beklagten auch die Leistungen aus Eigenbeiträgen des Arbeitnehmers umfasst *(vgl. § 1 Abs. 2 Nr. 4 BetrAVG, dazu BAG 3. Juni 2020 – 3 AZR 166/19 – Rn. 42)*.

19 II. Das Landesarbeitsgericht hat zutreffend angenommen, dass die Anpassungsprüfungs- und entscheidungspflicht nach § 16 Abs. 1 und Abs. 2 BetrAVG für den Beklagten nach § 16 Abs. 3 Nr. 2 BetrAVG entfallen ist.

20 1. Der Anwendung von § 16 Abs. 3 Nr. 2 BetrAVG steht höherrangiges Recht nicht entgegen.

21 a) Mit der am 31. Dezember 2015 in Kraft getretenen Neuregelung der Norm durch das Gesetz zur Umsetzung der EU-Mobilitäts-Richtlinie vom 21. Dezember 2015 *(BGBl. I S. 2553)* wurde der Anwendungsbereich erweitert, indem nunmehr für entsprechende Versorgungszusagen ohne Rücksicht auf den Zeitpunkt der Erteilung keine Anpassungsprüfung mehr gefordert wird. Die Neufassung von § 16 Abs. 3 Nr. 2 BetrAVG und ihre spätere rückwirkende Inkraftsetzung durch § 30c Abs. 1a BetrAVG auch für Anpassungszeiträume vor dem 1. Januar 2016 ist verfassungsgemäß *(ausführlich dazu BAG 3. Mai 2022 – 3 AZR 408/21 – Rn. 30 ff., zur Einführung von § 16 Abs. 3 Nr. 2 BetrAVG in seiner Ursprungsfassung Rn. 48, zur Ausweitung*

des Anwendungsbereichs der Ausnahmevorschrift durch das Gesetz zur Umsetzung der EU-Mobilitäts-Richtlinie im Jahre 2015 Rn. 49, BAGE 177, 373). Ungeachtet dessen stehen vorliegend keine Anpassungszeiträume im Streit, die vor dem 1. Januar 2016 liegen.

22 b) Die mit Wirkung zum 31. Dezember 2015 erfolgte Änderung von § 16 Abs. 3 Nr. 2 BetrAVG verstößt auch nicht gegen das Verschlechterungsverbot aus Art. 7 Abs. 2 der Richtlinie 2014/50/EU des Europäischen Parlaments und des Rates vom 16. April 2014 über Mindestvorschriften zur Erhöhung der Mobilität von Arbeitnehmern zwischen den Mitgliedstaaten durch Verbesserung des Erwerbs und der Wahrung von Zusatzrentenansprüchen *(ABl. EU L 128 vom 30. April 2014 S. 1; ausführlich BAG 3. Mai 2022 – 3 AZR 408/21 – Rn. 56 ff., BAGE 177, 373).*

23 2. Der Anwendung von § 16 Abs. 3 Nr. 2 BetrAVG steht nicht entgegen, dass der Kläger Arbeitnehmer der beklagten Pensionskasse war, über die die streitgegenständliche Versorgung durchgeführt wird. Das hat das Landesarbeitsgericht zutreffend erkannt. Auch dann, wenn eine Pensionskasse ihren eigenen Arbeitnehmern eine betriebsrentenrechtliche Versorgungszusage erteilt, die über sie selbst als Pensionskasse durchgeführt wird, kann die Pensionskasse bei Vorliegen der weiteren Voraussetzungen der Vorschrift von § 16 Abs. 3 Nr. 2 BetrAVG Gebrauch machen. Das ergibt die Auslegung der Bestimmung *(vgl. zur Auslegung von Gesetzen BAG 20. August 2024 – 3 AZR 286/23 – Rn. 12 mwN; BVerfG 6. Juni 2018 – 1 BvL 7/14, 1 BvR 1375/14 – Rn. 74, BVerfGE 149, 126).*

24 a) Der Wortlaut von § 16 Abs. 3 Nr. 2 BetrAVG verlangt, dass „die betriebliche Altersversorgung" u. a. „über eine Pensionskasse im Sinne des § 1b Abs. 3 durchgeführt wird". Nach der Legaldefinition in § 1b Abs. 3 BetrAVG ist das der Fall, wenn die betriebliche Altersversorgung von einer rechtsfähigen Versorgungseinrichtung durchgeführt wird, die dem Arbeitnehmer oder seinen Hinterbliebenen auf ihre Leistungen einen Rechtsanspruch gewährt. Diese Voraussetzungen sind auch gegeben, wenn eine Pensionskasse den eigenen Beschäftigten eine Versorgungszusage erteilt, die über sie selbst als Pensionskasse durchgeführt wird, und den versicherten eigenen Arbeitnehmern nach Maßgabe der Satzung und der Versicherungsbedingungen Rechtsansprüche auf Leistungen einräumt. Die Wendung „über eine Pensionskasse" lässt zwar erkennen, dass dem Gesetzgeber bei der Befreiung von der Anpassungspflicht in erster Linie der typische Fall des mittelbaren Durchführungswegs über eine externe Pensionskasse vor Augen stand, bei dem die Versorgung zusagender Arbeitgeber und durchführende Pensionskasse nicht identisch sind. Der eingeschaltete externe Versorgungsträger ist in dieser Konstellation nur ein Instrument des Arbeitgebers zur Erfüllung seiner arbeitsrechtlichen Versorgungsverpflichtungen *(vgl. BAG 15. März 2016 – 3 AZR 827/14 – Rn. 22 mwN, BAGE 154, 213)* und der zusagende Arbeitgeber hat aus dem arbeitsrechtlichen Grundverhältnis nach § 1 Abs. 1 Satz 3 BetrAVG für die Erfüllung der zugesagten Leistungen einzustehen, wenn die Leistungen der Pensionskasse hinter der Zusage zurückbleiben *(vgl. BAG 14. März 2023 – 3 AZR 197/22 – Rn. 22, BAGE 180, 262; 15. März 2016 – 3 AZR 827/14 – Rn. 22 ff., aaO).* Dem Wortlaut von § 16 Abs. 3 Nr. 2 BetrAVG ist aber nicht zu entnehmen, dass die Durchführung der Versorgung über eine externe Pensionskasse, die nicht Arbeitgeberin des Versorgungsempfängers ist, eine notwendige Bedingung für die Befreiung von der Anpassungspflicht sein sollte. Eine Durchführung „über eine Pensionskasse im Sinne des § 1b Abs. 3" liegt vielmehr auch dann vor, wenn der zusagende

Arbeitgeber selbst die durchführende Pensionskasse ist. Entscheidend ist, dass die Zusage eine entsprechende Durchführung zum Gegenstand hat, also insbesondere keine Direktzusage gegeben wurde, die den Arbeitgeber unabhängig vom versicherungsförmigen Durchführungsweg unmittelbar selbst verpflichtet.

25 b) Sinn und Zweck der in § 16 Abs. 3 Nr. 2 BetrAVG geregelten Befreiung von der Anpassungsprüfungs- und -entscheidungspflicht nach § 16 Abs. 1 und Abs. 2 BetrAVG verlangen ebenfalls kein Verständnis der Vorschrift dahin, dass sie keine Anwendung findet, wenn eine Pensionskasse ihren eigenen Arbeitnehmern eine betriebsrentenrechtliche Versorgungszusage erteilt, die über sie selbst als Pensionskasse durchgeführt wird.

26 aa) Ziel der durch Art. 8 Nr. 17 Buchst. c des Rentenreformgesetzes 1999 vom 16. Dezember 1997 *(BGBl. I S. 2998)* eingeführten und am 1. Januar 1999 in Kraft getretenen Regelung (in ihrer ursprünglichen Fassung, wonach zusätzliche Voraussetzung war, dass zur Berechnung der garantierten Leistung der nach § 65 Abs. 1 Nr. 1 Buchst. a VAG festgesetzte Höchstzinssatz zur Berechnung der Deckungsrückstellung nicht überschritten wird) war, die Erhaltung und Verbreitung der betrieblichen Altersversorgung zu gewährleisten und zu verbessern und damit das Gesamtsystem der betrieblichen Altersversorgung auch für die Zukunft aufrechtzuerhalten. § 16 Abs. 3 Nr. 2 BetrAVG sollte den Arbeitgebern Kalkulationssicherheit gewährleisten. Da Pensionskassen nur vorsichtig kalkulierte Renten vertraglich zusagen dürften und durch die Festlegung eines Höchstrechnungszinses stünden die darüber hinaus erwirtschafteten Überschüsse für eine Leistungserhöhung zur Verfügung. Diese „Zinsdynamik" sei „nach heutigem Erkenntnisstand" eine gleichwertige Alternative zur Anpassungsprüfungspflicht nach § 16 Abs. 1 BetrAVG *(vgl. BT-Drs. 13/8011 S. 73; BAG 3. Mai 2022 – 3 AZR 408/21 – Rn. 34, BAGE 177, 373)*. Mit der am 31. Dezember 2015 in Kraft getretenen Neuregelung durch das Gesetz zur Umsetzung der EU-Mobilitäts-Richtlinie vom 21. Dezember 2015 *(BGBl. I S. 2553)*, mit der die Bezugnahme auf den Rechnungszins nach dem Versicherungsaufsichtsgesetz ersatzlos entfiel, sollte den betroffenen Arbeitgebern die notwendige Planungssicherheit gegeben werden, ohne die der angestrebte Auf- und Ausbau der betrieblichen Altersversorgung gefährdet wäre *(BT-Drs. 18/6283 S. 13)*.

27 bb) Die Erwägungen, die den Gesetzgeber dazu bewogen haben, in der Verwendung der auf den Rentenbestand anfallenden Überschussanteile zur Erhöhung der Betriebsrenten eine gleichwertige Alternative zur Anpassungspflicht zu sehen (vorsichtige Rentenkalkulation, Kalkulations- und Planungssicherheit, Gewährleistung der Erhaltung und Verbreitung des Gesamtsystems der betrieblichen Altersversorgung) bleiben unberührt, wenn zusagender Arbeitgeber und durchführende Pensionskasse zusammenfallen. Die vom Gesetzgeber bei § 16 Abs. 3 Nr. 2 BetrAVG angenommene Zinsdynamik besteht unabhängig davon, ob eine Arbeitgeberin, die selbst Pensionskasse ist, die Versorgung über sich selbst oder über eine andere Pensionskasse zusagt. Die Rechtsstellung des Versorgungsempfängers wird dadurch ebenfalls nicht verkürzt. Eine Abgrenzung der arbeitsvertraglichen von den versicherungsrechtlichen Beziehungen ist ebenso möglich, wenn Arbeitgeberin und durchführende Pensionskasse identisch sind. So kann die Pensionskasse ggf. aufgrund aufsichtsrechtlicher Vorgaben des Versicherungsaufsichtsgesetzes verpflichtet sein, in die von ihr zu erbringenden Versicherungsleistungen einzugreifen. Diese Eingriffe würden aber aufgrund ihrer arbeitsvertraglichen Leistungszusage nicht auf diese durchschlagen,

soweit die Leistungen hinter der Versorgungszusage zurückbleiben. Entsprechend der Trennung der unterschiedlichen (arbeitsrechtlichen und versicherungsrechtlichen) Rechtsbeziehungen erfolgt auch eine Trennung der Vermögenswerte. Die aufgrund der Zusagen an eigene Arbeitnehmer geleisteten Beiträge der Pensionskasse werden nach § 125 VAG im Sicherungsvermögen angelegt. Die Pensionskasse hat hierauf in ihrer Funktion als Arbeitgeberin keinen Zugriff. In der Rolle als Arbeitgeberin kann die Beitragsleistung für die eigenen Arbeitnehmer aber als Aufwand für betriebliche Altersversorgung verbucht werden. Der Zielsetzung von § 16 Abs. 3 Nr. 2 BetrAVG entspräche es andererseits gerade nicht, den versorgungsberechtigten Arbeitnehmern der Pensionskasse zusätzlich neben der vom Gesetzgeber als regelmäßig gleichwertig angesehenen Überschussbeteiligung eine Anpassungsprüfung und -entscheidung nach § 16 Abs. 1 BetrAVG zukommen zu lassen.

28 3. Das Landesarbeitsgericht hat in revisionsrechtlich nicht zu beanstandender Weise angenommen, dass die Voraussetzungen von § 16 Abs. 3 Nr. 2 BetrAVG erfüllt sind.

29 a) Die Norm verlangt, dass ab Rentenbeginn sämtliche auf den Rentenbestand entfallende Überschussanteile zur Erhöhung der laufenden Leistungen verwendet werden.

30 aa) Diese Voraussetzungen müssen rechtlich verbindlich bei Beginn der Betriebsrentenleistungen, dem Eintritt des Versorgungsfalls, feststehen. Eine bloß praktische Handhabung, aufgrund derer die Pensionskasse so verfährt, wie es § 16 Abs. 3 Nr. 2 BetrAVG voraussetzt, genügt hingegen nicht *(BAG 3. Juni 2020 – 3 AZR 166/19 – Rn. 89; ausführlich BAG 18. Februar 2020 – 3 AZR 137/19 – Rn. 51 ff. mwN).* Da es auf die Rechtslage zum Zeitpunkt des Eintritts des Versorgungsfalls ankommt, ist es unerheblich, ob sich die Pensionskasse in ihrer tatsächlichen Handhabung an die rechtlichen Vorgaben hält und ob die Überschussverwendung einschließlich der Zuführung zur Beitragsrückstellung im Zeitpunkt über die Entscheidung der Überschussverwendung ordnungsgemäß erfüllt wird. Ausreichend ist insoweit allein, wenn den Versorgungsberechtigten und Versicherten Ansprüche auf Durchsetzung rechtskonformer Überschussberechnung und -verwendung zustehen *(vgl. BAG 3. Juni 2020 – 3 AZR 166/19 – Rn. 87; 18. Februar 2020 – 3 AZR 137/19 – Rn. 96; 10. Dezember 2019 – 3 AZR 122/18 – Rn. 69, BAGE 169, 72).*

31 bb) § 16 Abs. 3 Nr. 2 BetrAVG knüpft an einen versicherungsrechtlichen Begriff an. Überschussanteile iSv. § 16 Abs. 3 Nr. 2 BetrAVG sind deshalb solche im Sinne des Versicherungsrechts in der jeweils geltenden Fassung. Sie müssen – im Rahmen des zum Zeitpunkt des Eintritts des Versorgungsfalls versicherungsrechtlich Möglichen – entsprechend der gesetzlichen Vorschriften zugunsten der Betriebsrentner und Versicherten verwendet werden. Das bedeutet gleichzeitig, dass zu diesem Zeitpunkt rechtlich feststehen muss, dass sie weder dem Arbeitgeber noch dem Versicherer zustehen *(BAG 3. Juni 2020 – 3 AZR 166/19 – Rn. 82; 18. Februar 2020 – 3 AZR 137/19 – Rn. 90).*

32 (1) Versicherungsrechtlich steht nach § 153 VVG dem Versicherungsnehmer eine Überschussbeteiligung zu, soweit nichts Gegenteiliges vereinbart ist. Was davon im Innenverhältnis dem Versicherungsnehmer – im Regelfall der beitragsleistenden Arbeitgeberin – oder dem Versicherten – dem Arbeitnehmer als Versorgungsberechtigten – zusteht, kann zwischen diesen vertraglich geregelt werden. Eine solche Vereinbarung entfaltet dann im Rahmen allgemeiner versicherungsrechtlicher Grund-

sätze auch Wirkung gegenüber dem Versicherer. Dies folgt schon daraus, dass nach § 171 Satz 1 VVG u. a. von § 153 VVG zum Nachteil der versicherten Person nicht abgewichen werden darf *(vgl. BAG 3. Juni 2020 – 3 AZR 166/19 – Rn. 83; 18. Februar 2020 – 3 AZR 137/19 – Rn. 91).* Regulierte Pensionskassen können allerdings nach § 211 Abs. 2 Nr. 2 VVG in den allgemeinen Versicherungsbedingungen mit Genehmigung der Aufsichtsbehörde Bestimmungen treffen, die von den Vorgaben zur Überschussbeteiligung des § 153 VVG abweichen.

33 (2) Nach § 139 Abs. 1 VAG ist die Überschussbeteiligung dem Versicherten entweder unmittelbar zuzuteilen oder in der Bilanz in eine Rückstellung zur Beitragsrückerstattung (RfB) einzustellen. Die dort eingestellten Beträge sind grundsätzlich für die Überschussbeteiligung zu verwenden (§ 140 Abs. 1 VAG). Die Zuführung zur RfB und die Verwendung der Mittel dieser Rückerstattung muss angemessen sein, andernfalls liegt ein die Belange der Versicherten gefährdender Missstand vor (§ 140 Abs. 2 Satz 1 VAG), was ein Eingreifen der BaFin als Aufsichtsbehörde ermöglicht (§ 298 Abs. 1 Satz 1 VAG). Eine Überschussbeteiligung kommt zudem nur insoweit in Betracht, wie die dauernde Erfüllbarkeit der sich aus den Versicherungsverträgen ergebenden Verpflichtungen des Unternehmens beachtet ist. Das ergibt sich aus § 141 Abs. 5 Satz 1 Nr. 4 VAG. Danach hat der gemäß § 141 Abs. 1 VAG zu bestellende verantwortliche Aktuar einen Vorschlag für eine angemessene Beteiligung am Überschuss vorzulegen. Dabei hat er die Erfüllbarkeit der bestehenden Verpflichtungen zu berücksichtigen *(vgl. BAG 3. Juni 2020 – 3 AZR 166/19 – Rn. 84; 18. Februar 2020 – 3 AZR 137/19 – Rn. 92).* Diese Bestimmungen finden gemäß § 234 Abs. 1 iVm. § 212 Abs. 1, § 210 Abs. 1 VAG auch auf Pensionskassen Anwendung.

34 (3) Unerheblich ist, ob Überschussanteile überhaupt anfallen. Die Bestimmung der maßgeblichen Überschussanteile und damit auch die Frage, ob versicherungsrechtlich Überschussanteile anfallen, hängt nach dem Vorgesagten von der wirtschaftlichen Situation der Pensionskasse zum Zeitpunkt der Bestimmung über die Überschussverwendung ab. Dies ist für die Anwendbarkeit von § 16 Abs. 3 Nr. 2 BetrAVG unschädlich, da die Regelung lediglich eine zum Zeitpunkt des Versorgungsfalls rechtlich gesicherte Überschussverwendung verlangt, die dazu führt, dass Überschüsse weder dem Arbeitgeber noch dem Versicherer zustehen *(vgl. BAG 3. Juni 2020 – 3 AZR 166/19 – Rn. 85 f.; 18. Februar 2020 – 3 AZR 137/19 – Rn. 94 f.).*

35 cc) Grundsätzlich ist für die Erfüllung der Anforderungen des Ausnahmetatbestands des § 16 Abs. 3 Nr. 2 BetrAVG die dauerhafte Erhöhung der laufenden Leistungen notwendig *(ausführlich BAG 10. Dezember 2019 – 3 AZR 122/18 – Rn. 112 ff., BAGE 169, 72).* Eine nur befristete Erhöhung der Betriebsrente aufgrund der Verteilung von Überschussanteilen ist dann unschädlich, wenn nach den Regelungen in den maßgeblichen Versicherungsbedingungen sichergestellt ist, dass dauernde und gegebenenfalls vorübergehende Rentenerhöhungen in einem angemessenen Verhältnis zueinanderstehen. Zudem darf der Anteil der nur befristeten Erhöhungen der Betriebsrente nicht unangemessen hoch sein *(BAG 3. Mai 2022 – 3 AZR 374/21 – Rn. 41 f., BAGE 177, 358; 10. Dezember 2019 – 3 AZR 122/18 – Rn. 114, aaO).* Auch muss die Erhöhung denselben Rechtscharakter haben wie laufende Leistungen, es muss sich daher um betriebliche Altersversorgung im Sinne des Betriebsrentengesetzes handeln. Die Voraussetzungen von § 16 Abs. 3 Nr. 2 BetrAVG sind mithin nicht erfüllt, soweit die Möglichkeit besteht, Überschussanteile auch für Sterbegeld zu verwenden *(BAG 10. Dezember 2019 – 3 AZR 122/18 – Rn. 116 f., aaO).*

36 dd) § 16 Abs. 3 Nr. 2 BetrAVG verlangt, dass sämtliche „auf den Rentenbestand entfallende Überschussanteile“ zur Erhöhung der laufenden Leistungen verwendet werden. Dabei stellt das Gesetz auf den Bestand ab, dem die Rente zugehört. Es dürfen daher nur solche Versicherungsverträge miteinander verbunden werden, die einen engen Bezug zur Versicherung des Betriebsrentners haben. Das erfordert eine verursachungsorientierte Zusammenfassung iSv. § 153 Abs. 2 Satz 1 Halbs. 1 VVG *(BAG 3. Mai 2022 – 3 AZR 374/21 – Rn. 29, BAGE 177, 358; 10. Dezember 2019 – 3 AZR 122/18 – Rn. 74 ff., BAGE 169, 72).* Versicherungsverträge dürfen dabei nach anerkannten versicherungsmathematischen Grundsätzen zu Bestandsgruppen und Gewinnverbänden zusammengefasst werden, soweit sich die Verteilung des Überschusses daran orientiert, in welchem Umfang die Gruppe oder der Gewinnverband zur Entstehung des Überschusses beigetragen hat. Das Verteilungssystem muss die Verträge sachgerecht unter dem Gesichtspunkt der Überschussverteilung zusammenfassen und darauf angelegt sein, den zur Verteilung bestimmten Betrag nach den Kriterien der Überschussverursachung einer Gruppe zuzuordnen sowie dem einzelnen Vertrag dessen rechnerischen Anteil an dem Betrag der Gruppe zuzuschreiben *(BAG 18. Februar 2020 – 3 AZR 137/19 – Rn. 66).*

37 b) Die Annahme des Landesarbeitsgerichts, diese Voraussetzungen seien für die Leistungen des Beklagten aus den Tarifen A und B erfüllt, lässt keine Rechtsfehler erkennen.

38 aa) Für die Frage, ob bei Eintritt des Versorgungsfalls die maßgeblichen Voraussetzungen des § 16 Abs. 3 Nr. 2 BetrAVG rechtlich verbindlich feststehen, sind neben der zum 1. Oktober 2016 anwendbaren Satzung 2015, den AVB 2015 und den Tarifbedingungen (vgl. § 1 Nr. 4 Satzung 2015) auch die TGP alt und neu heranzuziehen. Gegen diese Annahme des Berufungsgerichts wendet sich auch der Kläger nicht. Die TGP sind Grundlage für die nähere Bestimmung der Rechte der Versorgungsberechtigten. Das ergibt sich – wie das Landesarbeitsgericht zutreffend angenommen hat – mit hinreichender Deutlichkeit daraus, dass sie in den AVB 2015 allgemein vorausgesetzt und an verschiedenen Stellen in Bezug genommen sind (vgl. etwa § 15b Nr. 4, § 24 Nr. 5, § 29 AVB 2015). Auch die Satzung 2015 erwähnt in § 16 Nr. 3, dass die Rückstellung für Beitragsrückerstattung nach „geschäftsplangemäßen“ Grundsätzen zu verwenden ist, was die Technischen Geschäftspläne zumindest mit einbezieht. An der wirksamen Einbeziehung bestehen keine Bedenken. Das Erfordernis der zumutbaren Kenntnisnahme iSv. § 305 Abs. 2 BGB gilt nach § 310 Abs. 4 Satz 2 Halbs. 2 BGB nicht bei der Anwendung auf Arbeitsverträge.

39 bb) Die Bestimmungen in § 16 Nr. 3 Satzung 2015, § 15b AVB 2015 iVm. den TaB 2015 Tarif A und B und den TGP neu und alt stellen sicher, dass ab Rentenbeginn – im Rahmen des versicherungsrechtlich Möglichen – sämtliche auf den Rentenbestand der Tarife A und B entfallenden Überschussanteile zur Erhöhung der laufenden Leistungen verwendet werden und weder den beitragsleistenden Arbeitgebern (und damit auch dem Beklagten in seiner Funktion als Arbeitgeber) noch der Pensionskasse zukommen.

40 (1) Nach § 16 Nr. 3 Satzung 2015 ist der Überschussanteil, der nicht nach § 16 Nr. 2 Satzung 2015 der Verlustrücklage zuzuführen ist (vgl. § 194 VAG), der RfB zuzuführen (vgl. § 139 Abs. 1 VAG). Durch die Einstellung in die RfB wird der Überschuss der Kasse – in Höhe des den Leistungsempfängern zustehenden Anspruchs – spezi-

ell für die Versicherten gebunden *(Demmler in Stöckler/Karst Steuerrecht der betrieblichen Altersversorgung Teil 5 C IV Rn. 652).* Diese Rückstellung ist (entsprechend § 140 Abs. 1 VAG) nach § 16 Nr. 3 Satzung 2015 nach geschäftsplangemäßen Grundsätzen zur Erhöhung bzw. zur Verbesserung der Leistungen und zu sonstigen geschäftsplangemäßen Zwecken für die einzelnen Tarife zu verwenden. Art, Umfang und Zeitpunkt der Rückstellungsverwendung beschließt die Mitgliederversammlung aufgrund von Vorschlägen, die der Vorstand und der verantwortliche Aktuar unterbreiten. Nach § 15b Nr. 2 Abs. 1 AVB 2015 wiederum werden alle Versicherungsverträge nach Maßgabe des § 16 der Satzung angemessen und verursachungsgerecht am handelsbilanziellen Überschuss beteiligt. Dies wird von der Aufsichtsbehörde überwacht. Jede einzelne Versicherung innerhalb eines nach Maßgabe von § 15b Nr. 2 Abs. 1 Sätze 4 ff. AVB 2015 gebildeten Überschussverbandes erhält einen Anteil an den ihm zugeordneten Überschüssen. Der Vorstand der Pensionskasse unterbreitet dazu aufgrund eines Vorschlags des verantwortlichen Aktuars jährlich der Mitgliederversammlung zur Beschlussfassung einen Überschussverwendungsvorschlag für die in der RfB reservierten Mittel. Nr. 10.1 Satz 2 TGP neu und Nr. 12.1 Satz 2 TGP alt legen sodann für die Tarife A und B fest, dass die der RfB zugewiesenen Beiträge „ausschließlich“ für die Überschussbeteiligung der Versicherungsnehmer bestimmt sind. Nach Nr. 10.2 TGP neu und Nr. 12.2 TGP alt sind überschussberechtigt alle Versicherungen; die Überschussbeteiligung besteht aus laufenden Überschussanteilen und – bei aufgeschobenen Rentenversicherungen – einem Schlussüberschussanteil. Diese Regelungen stellen sicher, dass der auf den Rentenbestand entfallende Überschuss weder den Arbeitgebern noch dem Beklagten selbst, sondern den Versicherten zusteht und zur Erhöhung der laufenden Renten („aus laufenden Überschussanteilen“) verwendet wird, also nicht zu befristeten Zahlungen oder zur Finanzierung von Leistungen, die keine betriebliche Altersversorgung darstellen.

41 (a) Der Umstand, dass nach § 16 Nr. 2 Satzung 2015 Überschüsse satzungsgemäß zunächst einer zur Deckung von Fehlbeträgen gebildeten Verlustrücklage zugeführt werden, steht der Annahme, dass „sämtliche“ auf den Rentenbestand entfallenden Überschussanteile zur Erhöhung der laufenden Leistungen verwendet werden müssen, nicht entgegen. Das folgt aus § 194 Abs. 1 Satz 1 VAG. Danach ist ein sich nach der Bilanz ergebender Überschuss, soweit er nicht nach der Satzung der Verlustrücklage oder anderen Rücklagen zuzuführen oder zur Verteilung von Vergütungen zu verwenden oder auf das nächste Geschäftsjahr zu übertragen ist, an die in der Satzung bestimmten Mitglieder zu verteilen *(BAG 3. Juni 2020 – 3 AZR 166/19 – Rn. 79 f.).* Die satzungsgemäße Dotierung der Verlustrücklage geht der Überschussverteilung an die Mitglieder danach zwingend vor, was sich aus Gründen der Finanzverfassung und der Grundentscheidung für den Vorrang der Innenfinanzierung des Versicherungsvereins auf Gegenseitigkeit ergibt *(Dreher/Schaaf VAG 14. Aufl. § 194 Rn. 2).* Nach § 16 Nr. 3 Satzung 2015 steht der „restliche“ Überschuss – nur dieser ist betriebsrentenrechtlich maßgeblich – weder den Arbeitgebern noch dem Beklagten als Pensionskasse zu, sondern den Versicherten.

42 (b) Unschädlich ist – entgegen der Ansicht des Klägers – auch, dass nach § 16 Nr. 3 Satzung 2015 der Überschuss zur Erhöhung „bzw. zur Verbesserung der Leistungen“ zu verwenden ist. Die Formulierung steht – anders als der Kläger meint – einer gesicherten Verwendung sämtlicher auf den Rentenbestand entfallender Überschussanteile zur Erhöhung der laufenden Rentenleistungen nicht entgegen. Mit der

Vorgabe einer Verwendung der Überschüsse auch für die „Verbesserung der Leistungen“ bedient sich die Satzung der in § 1b Abs. 5 BetrAVG und § 2 Abs. 3 Satz 2 Nr. 2 BetrAVG gesetzlich geregelten identischen Begrifflichkeit, die sich dort (im Wesentlichen) auf die Versicherungsverträge bezieht, die sich noch nicht in der Bezugs-, sondern in der Anwartschaftsphase befinden. Das ist in Bezug auf die Überschussverwendung dem Umstand geschuldet, dass der Beklagte nach § 138 Abs. 2 VAG iVm. § 234 Abs. 1, § 212 Abs. 1 VAG verpflichtet ist, die Überschussanteile auf Anwärter und Rentner zu verteilen. Danach müssen (auch) Pensionskassen bei gleichen Voraussetzungen Prämien und Leistungen nach gleichen Grundsätzen bemessen. Hinsichtlich der Verteilung von Überschüssen und der damit verbundenen Leistungen besteht kein Unterschied zwischen Anwärtern und Rentnern, da beide Personengruppen als Versorgungsberechtigte einen Anteil am Vertragsbestand haben *(BAG 10. Dezember 2019 – 3 AZR 122/18 – Rn. 89, BAGE 169, 72).* Die Satzungsregelung legt dagegen keineswegs fest, es sei zulässig, nur den Anwärterbestand zu bedienen. Vielmehr erfolgt die Erhöhung bzw. Verbesserung der Leistungen gemäß § 16 Nr. 3 Satz 2 Satzung 2015 nach geschäftsplangemäßen Grundsätzen und damit unter Berücksichtigung der AVB 2015, der TaB 2015 und auch der TGP. Ohne Erfolg wendet der Kläger insoweit ein, dass durch die Zulässigkeit der Überschussverwendung auch zur „Verbesserung“ der Leistungen die Zahlung eines Sterbegeldes oder anderer Einmalleistungen, zum Beispiel die Gewährung einer 13. und 14. Monatsrente oder nur befristete Erhöhungen, für den Rentenbestand nicht ausgeschlossen seien. Für den Rentenbestand hat die Überschussbeteiligung nach Nr. 10.2 TGP neu bzw. 12.2 TGP alt vielmehr allein durch laufende Überschussanteile zu erfolgen.

43 (c) Soweit § 16 Nr. 3 Satz 4 Satzung 2015 den Vorstand berechtigt, mit Zustimmung der Aufsichtsbehörde in Ausnahmefällen die RfB, soweit sie nicht auf bereits festgelegte Überschussanteile entfällt, im Interesse der Versicherten im Rahmen von § 56a VAG heranzuziehen, gibt die Satzung nur das wieder, was mittlerweile § 140 Abs. 1 Satz 2 VAG (vormals § 56a Abs. 3 VAG aF) gesetzlich regelt. Danach kann die RfB in Ausnahmefällen, soweit sie nicht auf bereits festgelegte Überschussanteile entfällt, mit Zustimmung der Aufsichtsbehörde im Interesse der Versicherten herangezogen werden, um einen drohenden Notstand abzuwenden, unvorhersehbare Verluste aus den überschussberechtigten Versicherungsverträgen auszugleichen, die auf allgemeine Änderungen der Verhältnisse zurückzuführen sind, oder die Deckungsrückstellung zu erhöhen, wenn die Rechnungsgrundlagen aufgrund einer unvorhersehbaren und nicht nur vorübergehenden Änderung der Verhältnisse angepasst werden müssen. Für die in Nr. 10.1 Satz 3 TGP neu und Nr. 12.1 Satz 3 TGP alt formulierten Verwendungsvorbehalte gilt entsprechendes. Mit diesen Vorbehalten werden versicherungsaufsichtsrechtliche Vorgaben aufgegriffen, die voraussetzen, dass die abweichende Verfahrensweise dem Interesse der Versicherten entspricht, die Aufsichtsbehörde ihre Zustimmung gibt und die – im Interesse der Versicherten – der Annahme eines Überschusses entgegenstehen. Eine Überschussbeteiligung kommt nur insoweit in Betracht, wie die dauernde Erfüllbarkeit der sich aus den Versicherungsverträgen ergebenden Verpflichtungen des Unternehmens beachtet ist. Soweit § 15b Nr. 2 AVB 2015 vorgibt, dass die in die RfB eingestellten Mittel „grundsätzlich“ nur für die Überschussbeteiligung innerhalb des jeweiligen Überschussverbandes verwendet werden dürfen und eine Zuteilung von Überschüssen entfallen kann, sofern dies „sachlich gerechtfertigt“ ist, ist damit dem in § 140 Abs. 1 Satz 2 VAG geregelten Ausnahmefall Rechnung getragen.

44 (d) Ohne Erfolg macht der Kläger geltend, dass die Überschussbeteiligung nach Nr. 10.1 Satz 2 TGP neu und Nr. 12.1 Satz 2 TGP alt allgemein den „Versicherungsnehmern" zusteht. Versicherungsnehmer im Sinne dieser Regelungen sind die Arbeitnehmer als Mitglieder der Pensionskasse bzw. im Rentenbezug stehende ehemalige Arbeitnehmer und Versicherte. Die Formulierung hat mithin nicht zur Folge, dass nicht sämtliche auf den Rentenbestand entfallende Überschussanteile den im Rentenbezug stehenden Leistungsempfängern zugutekommen. Richtig ist, dass der Begriff „Versicherungsnehmer" sowohl die Rentner als auch die Anwärter erfasst. Dies ist aber – wie oben ausgeführt – nach § 138 Abs. 2 VAG unschädlich.

45 (e) Ebenfalls unschädlich ist, dass nach § 16 Nr. 3 Satz 2 Satzung 2015 die RfB zur Erhöhung bzw. zur Verbesserung der Leistungen „und zu sonstigen geschäftsplangemäßen Zwecken für die einzelnen Tarife" zu verwenden ist.

46 (aa) Geschäftsplangemäße Zwecke sind solche, die dem Geschäftsplan des Beklagten entsprechen. Der „Geschäftsplan" wiederum besteht – neben dem Technischen Geschäftsplan – nach § 9 Abs. 1, 2 und 3 VAG aus der Satzung und weiteren fachlichen Geschäftsunterlagen. Weder die Satzung 2015 noch die TGP alt und TGP neu sehen für die auf den Rentenbestand der Tarife A und B (also „für die einzelnen Tarife") entfallenden Überschussanteile – soweit versicherungsrechtlich möglich – eine andere Verwendung als eine Erhöhung von Leistungen vor. Auch durch den Vorbehalt, dass die Verwendung „für die einzelnen Tarife" zu erfolgen hat, ist eine Verwendung gegen die finanziellen Interessen der Versorgungsberechtigten, etwa zugunsten der beitragsleistenden Arbeitgeber, ausgeschlossen.

47 (bb) Ohne Erfolg macht der Kläger in diesem Zusammenhang geltend, die Auflösung der RfB zum 31. Dezember 2002 in Höhe von 18.483.539,93 Euro habe eine solche Verwendung „zu sonstigen geschäftsplangemäßen Zwecken" dargestellt. Dabei kann dahinstehen, ob – wie der Beklagte vorträgt – die Auflösung der RfB nebst entsprechenden Leistungsherabsetzungen damals aufgrund des zum 31. Dezember 2001 festgestellten Verlustes in Höhe von 153.366.523,50 Euro unter Inanspruchnahme einer § 16 Nr. 4 Satzung 2015 entsprechenden früheren Satzungsregelung vorgenommen wurde. Jedenfalls ist im Ergebnis unerheblich, ob die Überschussverwendung einschließlich der Zuführung zur Beitragsrückstellung in der Vergangenheit ordnungsgemäß erfüllt wurde. Ausreichend ist insoweit allein, ob den Versorgungsberechtigten und Versicherten Ansprüche auf Durchsetzung rechtskonformer Überschussberechnung und -verwendung zustehen (*vgl. BAG 3. Juni 2020 – 3 AZR 166/19 – Rn. 87).* Dies gilt entsprechend für die vom Kläger angeführte Auflösung einer aus zuvor vorhandenen Überschüssen gebildeten Rückstellung für „Barber-Fälle" im Jahr 2005.

48 (f) Schließlich moniert der Kläger zu Unrecht die Verwendungsmöglichkeit nach Nr. 12.2.1 Abs. 2 TGP alt. Danach kann bei Versicherungen, die von der im Jahre 2003 beschlossenen Leistungsherabsetzung betroffen sind, die Leistungserhöhung als Minderung des jeweils zum 1. Juli wirksamen Herabsetzungsfaktors gewährt werden. Diese Verwendungsvariante steht der Annahme, die auf den Rentenbestand entfallenden Überschussanteile seien zur Erhöhung der laufenden Leistungen zu verwenden, nicht entgegen. Auch die Minderung des jährlichen Herabsetzungsfaktors stellt für den Rentenbestand eine Erhöhung der laufenden Renten dar. Die durch laufende Überschussanteile zu erhöhende Rentenleistung ist die, die dem Betriebsrent-

ner nach dem Versorgungswerk noch zusteht. Diese herabgesetzte Rente wird durch die Minderung des Herabsetzungsfaktors erhöht. Die Verteilung der Schlussüberschussanteile betrifft die Anwartschaftsphase und nicht die laufenden Renten.

49 (2) Der Kläger hat als Versorgungsberechtigter auch die Möglichkeit, die versicherungsrechtlichen Vorgaben gegenüber dem Beklagten rechtlich durchzusetzen. Das folgt aus der grundrechtlichen Position der Versicherten aus Art. 14 und Art. 2 Abs. 1 GG *(ausführlich dazu BAG 3. Juni 2020 – 3 AZR 166/19 – Rn. 93 ff.; 18. Februar 2020 – 3 AZR 137/19 – Rn. 83 ff.).* Der Gesetzgeber ist danach verfassungsrechtlich gehalten, im Rahmen seiner Schutzpflicht für eine angemessene Überschussbeteiligung zu sorgen, jedenfalls soweit eine Überschussbeteiligung vertraglich zugesagt ist *(vgl. BVerfG 26. Juli 2005 – 1 BvR 80/95 – zu C I 2 b der Gründe, BVerfGE 114, 73*). Diese Schutzpflicht erfordert es weiter, dass aus dem Gesetz angemessene Maßstäbe abgeleitet werden und der Berechtigte die Möglichkeit hat, die Regelungen zur Sicherung seiner Rechte unmittelbar zivilrechtlich durchzusetzen (*BAG 18. Februar 2020 – 3 AZR 137/19 – Rn. 86).* Daraus folgt, dass nicht nur die rechtlichen Vorgaben nach dem Versicherungsvertragsrecht, sondern auch die versicherungsaufsichtsrechtlichen Regelungen im zivilrechtlichen Wege durchgesetzt werden können *(vgl. BGH 27. Juni 2018 – IV ZR 201/17 – Rn. 27 ff., BGHZ 219, 129).* Die gerichtliche Kontrolle betrifft dabei nicht nur die Frage, ob der Überschuss ordnungsgemäß berechnet ist und der Versicherer ihn nicht unberechtigt für sich behält, sondern auch die Frage, ob er zwischen den Berechtigten ordnungsgemäß verteilt wird. Eine derartige Klärung kann auch der Kläger als Versorgungsberechtigter, Betriebsrentner und Versicherter herbeiführen *(BAG 18. Februar 2020 – 3 AZR 137/19 – Rn. 87).* Unerheblich ist dagegen, ob die Überschussverwendung einschließlich der Zuführung zur RfB in der Vergangenheit ordnungsgemäß erfolgt ist. Ausreichend ist insoweit allein, dass auch den Versorgungsberechtigten und Versicherten Ansprüche auf Durchsetzung rechtskonformer Überschussberechnung und -verwendung zustehen. Daher kommt es nicht entscheidend darauf an, ob – wie der Kläger behauptet hat – der Beklagte in der Vergangenheit bis 2003 seinen Anwartschaftsberechtigten und Rentnern unbefristete Leistungserhöhungen („unbefristete Gewinnanteile"), den Rentnern aber auch nur befristete Leistungsverbesserungen („befristete Gewinnzuschläge") in einer Höhe von bis zu 30 % gewährt hat.

50 (3) Die Zusammenfassung der Abrechnungs- und Gewinnverbände für die Tarife A und B hat nach den dazu im Zeitpunkt des Rentenbeginns bestehenden Regelungen der AVB 2015, der TaB 2015 und der TGP alt und neu entsprechend § 153 Abs. 2 VVG verursachungsorientiert zu erfolgen; dem einzelnen Vertrag ist danach auch dessen rechnerischer Anteil des zu verteilenden Überschusses an dem Betrag der Gruppe zuzuschreiben.

51 (a) Nach § 16 Nr. 5 Satzung 2015 hat die Verwendung von Überschüssen für die selbständig gebildeten Abteilungen des Sicherungsvermögens (Anlagestock) im Rahmen eigenständiger Überschussverbände jeweils gesondert zu erfolgen. Entsprechend gibt § 15b Nr. 1 Satz 2 AVB 2015 vor, dass alle Versicherungen eines Tarifs entsprechend der Einteilung des Sicherungsvermögens in selbständige Abteilungen in jeweils eigenen Überschussverbänden zusammengefasst werden. Es werden danach eigenständige Überschussverbände gebildet. Die einzelnen Gewinnverbände für die Tarife A und B legen die Bestimmungen in A § 5 TaB 2015 und B § 6 TaB 2015 fest, sie werden nach Begründungszeitpunkt und damit Höhe des Rechnungszinses

in Gruppen zusammengefasst. § 15b Nr. 2 AVB 2015 verlangt weiter, dass alle Versicherungsverträge angemessen und verursachungsgerecht am handelsbilanziellen Überschuss beteiligt werden. Die Überschussverbände werden nach diesen Kriterien in den einzelnen Tarifen gebildet. Nach den in den Entscheidungsgründen getroffenen, nicht mit Verfahrensrügen angegriffenen und damit für den Senat nach § 559 ZPO bindenden Feststellungen des Landesarbeitsgerichts hat der Beklagte die einzelnen Gewinnverbände verursachungsgerecht gebildet und mit gleichen Merkmalen hinsichtlich Risiko sowie Zins, Biometrie (nach sog. Sterbetafeln) und Kosten zusammengefasst *(vgl. BAG 3. Mai 2022 – 3 AZR 408/21 – Rn. 26, BAGE 177, 373).* Hinsichtlich ihres Anteils an den erzielten Überschüssen ähneln sich die Verträge. Sie enthalten denselben Garantiezins, sind im ähnlichen Zeitraum abgeschlossen worden, beruhen auf denselben Sterbetafeln und versichern dieselben Risiken. Es ist schließlich in § 15b Nr. 2 AVB 2015 ausdrücklich vorgesehen, dass der verteilungsfähige Überschuss den einzelnen Überschussverbänden verursachungsgemäß zugeordnet und der RfB zugeführt wird. Dabei dürfen die in die RfB eingestellten Mittel grundsätzlich nur für die Überschussbeteiligung der innerhalb des jeweiligen Überschussverbandes Versicherten des jeweiligen Tarifes verwendet werden. Die verursachungsgerechte Zuordnung der laufenden Überschussanteile zu den einzelnen Verträgen ergibt sich zudem aus Nr. 10.2.1 TGP neu und Nr. 12.2.1 TGP alt.

52 (b) Ohne Erfolg wendet der Kläger in diesem Zusammenhang ein, bei der tatsächlichen Handhabung der Überschussverteilung durch den Beklagten würden aufgrund einer Empfehlung der BaFin aus dem Jahr 2004 Verträge mit geringerem Garantiezins durch Verträge mit höherem Garantiezins „quersubventioniert“.

53 (aa) In der vom Kläger angesprochenen, in den Entscheidungsgründen des Berufungsurteils festgestellten und zwischen den Parteien nicht streitigen Empfehlung der BaFin aus dem Jahr 2004 *(„Hinweise zur Wahrung des Gleichbehandlungsgrundsatzes gemäß § 11 Abs. 2 VAG bei der Verteilung der Überschüsse an die Versicherungsnehmer“, VerBaFin 07/2004 S. 3 ff.)* hatte diese eine Empfehlung zur Überschussverwendung für die Situation abgegeben, in der die Kapitalerträge „aktuell nicht mehr ausreichen, alle Rechnungszinsgenerationen mit derselben Gesamtverzinsung zu bedienen“. Danach sei die garantierte Verzinsung immer entsprechend den vertraglichen Vereinbarungen zu bedienen. Reichten die Mittel nicht aus, um allen Versicherungsnehmern eine gleiche Gesamtverzinsung zu gewähren, komme es zwangsläufig zu einer Quersubventionierung der Bestände mit höherem Rechnungszins durch die Bestände mit niedrigerem Rechnungszins. Zur Wahrung des Gleichbehandlungsgrundsatzes seien daher diejenigen Mittel, die an die Bestände mit höherem Rechnungszins ausgeliehen wurden, sobald wie möglich wieder an die Bestände niedrigerer Rechnungszinsgenerationen zurückzuführen („internes Darlehen“) und angemessen zu verzinsen. Der Beklagte hat dazu angegeben, er orientiere sich bei der verursachungsorientierten Zuteilung von Zinsüberschüssen am Ziel einer möglichst gleichen Gesamtverzinsung für die Versicherungsnehmer innerhalb der jeweiligen Tarife und habe sich dabei von den Grundsätzen der BaFin-Hinweise aus 2004 leiten lassen.

54 (bb) Diese Vorgehensweise steht dem Vorliegen der Voraussetzungen nach § 16 Abs. 3 Nr. 2 BetrAVG nicht entgegen.

55 (aaa) Entgegen der Ansicht des Klägers werden hierdurch nicht Verträge mit geringerem Garantiezins durch Verträge mit höherem Garantiezins „quersubventioniert". Vielmehr kommt es allenfalls zu einer Art umgekehrter Zwischenfinanzierung der Tarifgruppen mit höherem Rechnungszins durch die Tarifgruppen mit niedrigerem Rechnungszins. Verträge mit niedrigerem Garantiezins tragen in höherem Maße zu der Erwirtschaftung eines Überschusses bei, da der Überschuss nicht durch den Garantiezins geschmälert wird und zudem niedrigere Garantiezinsen risikoreichere Anlagen ermöglichen, die potentiell zu höheren Erträgen führen *(BAG 3. Mai 2022 – 3 AZR 408/21 – Rn. 25, BAGE 177, 373).*

56 (bbb) Da die zur Quersubventionierung genutzten Mittel verzinst und sobald wie möglich an die Tarifgruppen mit niedrigerem Rechnungszins zurückgeführt werden, ist die Vorgehensweise im Hinblick auf die nach § 16 Abs. 3 Nr. 2 BetrAVG erforderliche verursachungsorientierte Zusammenfassung der Abrechnungs- und Gewinnverbände für die Tarife A und B unschädlich. Nach der Rechtsprechung des Senats ist zwar eine Zusammenfassung von Abrechnungsverbänden nach den unterschiedlichen Tarifen und den in diesen vereinbarten Rechnungszinsen notwendig, da verschiedene Gruppen von Versicherungsnehmern unterschiedlich zur Überschusserwirtschaftung beitragen und deshalb erforderlich, sie auch bei der Überschussbeteiligung unterschiedlich zu behandeln *(BAG 3. Mai 2022 – 3 AZR 408/21 – Rn. 25, BAGE 177, 373).* Kommt es hingegen – wie vorliegend aufgrund der Rückführung der Mittel – nicht zu einem endgültigen Geldabfluss aus dem einen Abrechnungs- und Gewinnverband hin zum anderen, der die Verwendung von Überschussanteilen zur Erhöhung der laufenden Leistungen verhindern oder beeinträchtigen würde, sind die Tarife und die Überschussverteilung tatsächlich verursachungsorientiert vorgenommen *(vgl. BAG 3. Mai 2022 – 3 AZR 374/21 – Rn. 37 f., BAGE 177, 358; vgl. zu einer dauerhaften Quersubventionierung zuletzt auch BGH 18. September 2024 – IV ZR 436/22 – Rn. 57 f., BGHZ 241, 254).*

57 (ccc) Im Übrigen ist es unerheblich, ob die Überschussverwendung tatsächlich ordnungsgemäß erfolgt. Ausreichend ist insoweit allein, dass den Versorgungsberechtigten und Versicherten Ansprüche auf Durchsetzung rechtskonformer Überschussberechnung und -verwendung zustehen *(vgl. BAG 3. Juni 2020 – 3 AZR 166/19 – Rn. 87; 18. Februar 2020 – 3 AZR 137/19 – Rn. 96).*

58 (c) Soweit der Kläger schließlich einwendet, die Vorgehensweise des Beklagten verdeutliche, dass die Zuordnung der Überschüsse zu den einzelnen Gewinnverbänden tatsächlich vertraglich ungeregelt sei, weil die Vorschlagsmöglichkeiten des verantwortlichen Aktuars hier Spielraum ließen, bleibt auch das ohne Erfolg. Das Regelungswerk des Beklagten (insbesondere § 15b Nr. 2 AVB 2015 und Nr. 10.2.1 TGP neu bzw. Nr. 12.2.1 TGP alt) sichert die verursachungsorientierte Bildung von Überschussverbänden und die verursachungsorientierte Zuordnung der laufenden Überschussanteile zu den einzelnen Verträgen – wie oben dargestellt – hinreichend. Soweit der Vorstand der Pensionskasse dazu nach § 15b Nr. 2 Abs. 2 AVB 2015 jährlich der Mitgliederversammlung zur Beschlussfassung einen Überschussverwendungsvorschlag aufgrund eines Vorschlags des verantwortlichen Aktuars für die in der Rückstellung für Beitragsrückerstattung reservierten Mittel unterbreitet, entspricht das den versicherungsaufsichtsrechtlichen Vorgaben. Nach § 141 Abs. 5 Satz 1 Nr. 4 iVm. § 234 VAG hat der verantwortliche Aktuar für die Versicherungsverträge mit Anspruch auf Überschussbeteiligung dem Vorstand der Pensionskasse Vorschläge

für eine angemessene Beteiligung am Überschuss vorzulegen und dabei die dauernde Erfüllbarkeit der sich aus den Versicherungsverträgen ergebenden Verpflichtungen des Unternehmens zu berücksichtigen.

59 III. Auf die Frage, ob der Beklagte eine Anpassung nach § 16 Abs. 1 BetrAVG auch aufgrund seiner wirtschaftlichen Situation ablehnen durfte, kommt es demnach nicht an.

60 C. Der Kläger hat die Kosten der Revision nach § 97 Abs. 1 ZPO zu tragen."

4.2 Ruhegeld – steuerliches Näherungsverfahren – Berechnung

BAG Entscheidung vom 11. März 2025 – 3 AZR 136/24

Dem dritten Senat zur Entscheidung vorgelegt:

Der dritte Senat des Bundesarbeitsgerichts hatte im Revisionsverfahren über die Frage zu entscheiden, ob der Arbeitgeber bei der Berechnung der im Versorgungsfall auf ein betriebliches Ruhegeld anzurechnenden gesetzlichen Altersrente an das zuvor (in einer Mitteilung über die unverfallbare Anwartschaft) angewandte steuerliche Näherungsverfahren gebunden ist oder später – nach Nachweis der tatsächlich bis zum Ausscheiden erworbenen Entgeltpunkte – eine individuelle Berechnung vornehmen darf, auch wenn dies dazu führt, dass kein Betriebsrentenanspruch (mehr) verbleibt.

Tenor des Urteils:

- *Die Revision des Klägers gegen das Urteil des Landesarbeitsgerichts Köln vom 2. Februar 2024 – 10 Sa 451/23 – wird zurückgewiesen.*
- *Der Kläger hat die Kosten der Revision zu tragen.*

Leitsatz des Gerichts:

Berechnet der Arbeitgeber beim vorzeitigen Ausscheiden des Versorgungsberechtigten die Höhe einer auf ein betriebliches Ruhegeld anzurechnenden gesetzlichen Altersrente aufgrund fehlender Kenntnis von den tatsächlich erworbenen Entgeltpunkten unter Anwendung des steuerlichen Näherungsverfahrens und teilt er dem Arbeitnehmer auf dieser Grundlage die Höhe der unverfallbaren Anwartschaft mit, kann er regelmäßig gleichwohl im späteren Versorgungsfall die Berechnung der gesetzlichen Rente individuell auf Grundlage der tatsächlich nachgewiesenen sozialversicherungsrechtlichen Entgeltpunkte vornehmen.

Wichtige redaktionell zusammengefasste Leitsätze zu den zentralen rechtlichen Überlegungen und Feststellungen der Entscheidung des Gerichts:

1. Bei der Berechnung der unverfallbaren Anwartschaft nach §§ 2, 2a BetrAVG ist von einer fiktiv erreichbaren Vollrente auszugehen (Fortbestand des Arbeitsverhältnisses unterstellt).
2. Maßgeblich sind Versorgungsordnung und Bemessungsgrundlagen im Zeitpunkt des Ausscheidens (Veränderungssperre/Festschreibeeffekt).
3. Die Anwartschaft kann rechnerisch wegen Anrechnung anderweitiger Versorgungsleistungen auf „null“ sinken.
4. Soll bei der Teilrentenberechnung eine gesetzliche Rente angerechnet werden, darf der Arbeitgeber nach § 2a Abs. 3 BetrAVG das steuerliche Näherungsverfahren nur so lange nutzen, wie die tatsächlich bis zum Ausscheiden erworbenen Entgeltpunkte nicht nachgewiesen sind.
5. Nach Nachweis ist das Näherungsverfahren gesperrt und es ist individuell zu rechnen (auf Verlangen jeder Partei, ohne gesetzliche Frist).
6. Eine Mitteilung nach § 2 Abs. 6 BetrAVG aF über die Höhe der unverfallbaren Anwartschaft ist regelmäßig kein abstraktes oder deklaratorisches Schuldanerkenntnis, sondern eine Wissenserklärung zur Information.

7. Die Mitteilung bindet den Arbeitgeber nicht, im Versorgungsfall an der damaligen Berechnung festzuhalten, sondern verpflichtet ihn zur korrekten Anwendung der maßgeblichen Versorgungsbestimmungen.
8. Die frühere Anwendung des Näherungsverfahrens in der Auskunft begründet keine Selbstbindung an diese Rechenmethode für den Versorgungsfall.
9. Legt der Versorgungsempfänger später die tatsächlichen Entgeltpunkte vor, darf (bzw. muss) der Arbeitgeber die anzurechnende gesetzliche Rente individuell ermitteln – auch wenn dadurch kein Zahlungsanspruch auf Betriebsrente verbleibt.
10. Ein Schadensersatzanspruch wegen „falscher Auskunft" scheidet aus, wenn die Auskunft als solche zutreffend (methodenbezogen) erteilt war.

Zum Tatbestand:

- Der (Dezember 1956 geborene) Kläger war seit dem 1. Januar 1989 bei der Rechtsvorgängerin der Beklagten beschäftigt.
- Im Arbeitsvertrag wurde auf die „Betriebsvereinbarung über Zusatzversorgungsleistungen" verwiesen; für den maßgeblichen Personenkreis galt später die BV 1995.
- Die BV 1995 sieht u. a. Altersruhegeld vor und regelt, dass nach drei Monaten Ruhegeld die Summe aus gesetzlichen Rentenbezügen (gewichtet/korrigiert) und BVV-Leistungen zusammen mit dem betrieblichen Ruhegeld einen bestimmten Prozentsatz (Ausgangspunkt 50 %, steigend bis max. 75 %) des „versorgungsfähigen Einkommens" erreichen soll.
- Dabei sind gesetzliche Rente und BVV-Rente anzurechnen.
- Der Kläger schied am 30. September 2003 aus. Zuvor erhielt er eine „Mitteilung über das Bestehen einer unverfallbaren Anwartschaft" vom 3. September 2003, wonach er bei Vollendung des 65. Lebensjahres eine monatliche Altersrente von 161,10 € erhalten werde.
- Der Berechnungsbogen beruhte u. a. auf einem Ruhegeldprozentsatz von 75 %, einem versorgungsfähigen Einkommen von 4.518,50 € und einer nach dem steuerlichen Näherungsverfahren ermittelten (anzurechnenden) gesetzlichen Rente.
- Seit dem 1. Oktober 2020 bezieht der Kläger eine gesetzliche Altersrente für besonders langjährig Versicherte iHv. 2.548,31 € brutto monatlich.
- Ende 2021 beantragte er Betriebsrente; Anfang 2022 legte er der Beklagten u. a. den Rentenbescheid vor, aus dem sich insgesamt 74,5337 Entgeltpunkte ergeben und davon 44,6377 Entgeltpunkte bis zum Ausscheiden 2003.
- Die Beklagte rechnete daraufhin im Versorgungsfall auf Basis der tatsächlich bis 2003 erworbenen Entgeltpunkte (mit Hochrechnung weiterer Entgeltpunkte bis 65) und kam zu einer anzurechnenden gesetzlichen Rente von 2.266,49 € brutto sowie einer anzurechnenden BVV-Rente von 1.240,13 €; damit überstiegen die anzurechnenden Leistungen den (aus 75 % des versorgungsfähigen Einkommens ermittelten) Zusatzversorgungsanspruch, sodass rechnerisch kein Zahlungsanspruch verbleibe.
- Der Kläger klagte dennoch auf Zahlung von 161,10 € monatlich (rückwirkend ab Oktober 2020 und künftig) und argumentierte, die Beklagte sei wegen der Mitteilung 2003 zumindest an die damals gewählte Rechenmethode (Näherungsverfahren) gebunden.

- Hilfsweise verlangte der Kläger Schadensersatz, weil er wegen einer angeblich unzureichenden/fehlerhaften Auskunft nicht rechtzeitig privat vorgesorgt habe.
- Das Arbeitsgericht gab der Klage (Hauptanträge) statt.
- Das Landesarbeitsgericht wies sie insgesamt ab.
- Mit der Revision verfolgte der Kläger seine Ansprüche weiter.

Aus den Entscheidungsgründen:

10 **„Die Revision des Klägers ist unbegründet. Das Landesarbeitsgericht hat die Klage zu Recht abgewiesen.**

11 **I. Die Klageanträge zu 1. und 2. sind unbegründet.**

12 **1. Die Anträge sind zulässig.**

13 a) Der Kläger verlangt mit den Klageanträgen zu 1. und 2. die Zahlung einer monatlichen Zusatzversorgungsleistung iHv. 161,10 Euro auf Grundlage der BV 1995. Soweit er erstinstanzlich zunächst geltend gemacht hatte, es finde unverändert die „Ruhegeldordnung vom 16. Februar 1987" Anwendung, hat er daran später nicht mehr festgehalten.

14 b) Soweit der Zahlungsantrag zu 1. in die Zukunft gerichtet ist, bestehen keine Zulässigkeitsbedenken. Bei wiederkehrenden Leistungen, die – wie vorliegend – von keiner Gegenleistung abhängen, können grundsätzlich auch künftig fällig werdende Teilbeträge eingeklagt werden, ohne dass die Besorgnis bestehen muss, der Schuldner werde sich der rechtzeitigen Leistung entziehen *(BAG 9. Mai 2023 – 3 AZR 174/22 – Rn. 28, BAGE 181, 25; 14. März 2023 – 3 AZR 175/22 – Rn. 13, BAGE 180, 257; 17. Januar 2023 – 3 AZR 501/21 – Rn. 18, BAGE 180, 1).* Mit dem Antrag zu 2. verlangt der Kläger hinreichend bestimmt (§ 253 Abs. 2 Nr. 2 ZPO) mit einem Einmalbetrag rückständiges Ruhegeld iHv. 161,10 Euro monatlich für den Zeitraum vom 1. Oktober 2020 bis 30. September 2022 nebst Zinsen.

15 2. Die Hauptanträge zu 1. und 2. sind unbegründet. Das Landesarbeitsgericht hat zutreffend erkannt, dass der Kläger keinen Anspruch auf Zahlung einer monatlichen Zusatzversorgungsleistung iHv. 161,10 Euro seit Oktober 2020 nach der BV 1995 gegen die Beklagte hat.

16 a) Der Kläger hat im Grundsatz einen Anspruch auf Altersruhegeld gegen die Beklagte nach der BV 1995.

17 aa) Er fällt unter den Anwendungsbereich der BV 1995. Nach § 18 Nr. 1 Satz 1 BV 1995 tritt diese mit Wirkung vom 1. Januar 1996 in Kraft und setzt die Ruhegeldordnung vom 16. Februar 1987/16. November 1990 für den in § 1 genannten Personenkreis außer Kraft. Unter den in § 1 BV 1995 genannten Personenkreis fallen Arbeitnehmer, die – wie der Kläger – bis zum 31. Dezember 1993 ein Arbeitsverhältnis zur A begonnen und zum Zeitpunkt des Inkrafttretens der BV 1995 das 55. Lebensjahr noch nicht vollendet haben. § 18 Nr. 1 Satz 2 BV 1995 galt nur „für die übrigen Mitarbeiter", also solche, die das 55. Lebensjahr schon erreicht hatten.

18 bb) Der Kläger ist am 30. September 2003 mit einer unverfallbaren Anwartschaft auf ein betriebliches Ruhegeld aus dem Arbeitsverhältnis mit der Rechtsvorgängerin der Beklagten ausgeschieden, § 1b Abs. 1 Satz 1, § 30f Abs. 1 Satz 1 Nr. 1 BetrAVG. Zwar hatte er am 1. Oktober 2020 die Altersgrenze nach § 7 Nr. 1 Buchst. a BV 1995

noch nicht erreicht. Da ihm seit dem 1. Oktober 2020 eine vorgezogene Altersrente für besonders langjährig Versicherte als Vollrente aus der gesetzlichen Rentenversicherung gewährt wird, steht ihm gleichwohl – unstreitig – nach § 7 Nr. 1 Buchst. b BV 1995 seit diesem Zeitpunkt ein nach §§ 4 ff. BV 1995 zu berechnendes Ruhegeld zu.

19 b) Die nach §§ 2, 2a BetrAVG *(vgl. zur Anwendbarkeit dieser Vorschriften in zeitlicher Hinsicht BAG 21. November 2023 – 3 AZR 1/23 – Rn. 19 mwN, BAGE 182, 137)* vorzunehmende Berechnung der unverfallbaren Anwartschaft des Klägers ergibt vorliegend allerdings, dass diese aufgrund der anzurechnenden anderweitigen Versorgungsleistungen eine Höhe von „null" hat und dem Kläger im Ergebnis kein Ruhegeld nach der BV 1995 zusteht.

20 aa) Nach § 2 Abs. 1 Satz 1 BetrAVG hat bei Eintritt des Versorgungsfalls wegen Erreichens der Altersgrenze ein vorher mit einer unverfallbaren Anwartschaft ausgeschiedener Arbeitnehmer einen Anspruch mindestens in Höhe des Teils der ohne das vorherige Ausscheiden zustehenden Leistung, der dem Verhältnis der Dauer der Betriebszugehörigkeit zu der Zeit vom Beginn der Betriebszugehörigkeit bis zum Erreichen der Regelaltersgrenze in der gesetzlichen Rentenversicherung bzw. einer in der Versorgungsregelung vorgesehenen festen Altersgrenze entspricht.

21 (1) Nach § 2a Abs. 1 BetrAVG sind bei der Berechnung des Teilanspruchs eines mit unverfallbarer Anwartschaft ausgeschiedenen Arbeitnehmers die Versorgungsregelung und die Bemessungsgrundlagen im Zeitpunkt des Ausscheidens zugrunde zu legen; Veränderungen, die nach dem Ausscheiden eintreten, bleiben außer Betracht. Unverfallbar ist deshalb nicht die konkret zum Zeitpunkt des Ausscheidens erworbene Anwartschaft, sondern die nach den Regeln der Unverfallbarkeit zu errechnende Teilrente. Das ist der Teil der erreichbaren Vollrente, der dem Anteil der tatsächlichen Betriebszugehörigkeit zur möglichen Betriebszugehörigkeit bis zum Erreichen der Regelaltersgrenze in der gesetzlichen Rentenversicherung bzw. der festen Altersgrenze nach der Versorgungsordnung entspricht. Die Bestimmung der Höhe der unverfallbaren Anwartschaft setzt deshalb zunächst die Errechnung der erreichbaren Vollrente voraus. Dabei gelten Veränderungssperre und Festschreibeeffekt. Festzustellen ist nicht die bei Eintritt des Versorgungsfalls tatsächlich erreichte oder erreichbare Altersversorgung, sondern eine fiktive. Auf die tatsächlichen Verhältnisse zum Zeitpunkt des Eintritts des Versorgungsfalls kommt es nicht an. Zugrunde zu legen sind vielmehr zum einen die bei Ausscheiden aus dem Arbeitsverhältnis geltende Versorgungsordnung und zum anderen die Bemessungsgrundlagen bezogen auf den Zeitpunkt des Ausscheidens aus dem Arbeitsverhältnis. Dabei sind die zum Zeitpunkt des Ausscheidens aus dem Arbeitsverhältnis bestehenden Bemessungsgrundlagen auf den Zeitpunkt des Eintritts des Versorgungsfalls hochzurechnen. Auszugehen ist von einem unveränderten Fortbestand des Arbeitsverhältnisses und der Bemessungsgrundlagen *(vgl. BAG 21. November 2023 – 3 AZR 1/23 – Rn. 21 mwN, BAGE 182, 137).*

22 (2) Die Anhebung der Regelaltersgrenze in der gesetzlichen Rentenversicherung durch das Gesetz zur Anpassung der Regelaltersgrenze an die demografische Entwicklung und zur Stärkung der Finanzierungsgrundlagen der gesetzlichen Rentenversicherung (RV-Altersgrenzenanpassungsgesetz) zum 1. Januar 2008 bleibt bei der Berechnung der unverfallbaren Anwartschaft auf Leistungen der betrieblichen Altersversorgung nach §§ 2, 2a BetrAVG wegen des Festschreibeeffekts nach § 2a Abs. 1

BetrAVG unberücksichtigt, wenn der Arbeitnehmer vor Inkrafttreten des RV-Altersgrenzenanpassungsgesetzes aus dem Arbeitsverhältnis ausgeschieden ist *(BAG 21. November 2023 – 3 AZR 1/23 – Rn. 26, BAGE 182, 137)*.

23 bb) Für die danach im ersten Schritt vorzunehmende Ermittlung der erreichbaren betrieblichen Vollrente des Klägers ist damit zunächst auf den Betrag von 75 % des versorgungsfähigen Einkommens (vgl. § 6 Nr. 4 iVm. § 5 Nr. 1 BV 1995) von 4.518,50 Euro (= 3.388,88 Euro) nach § 6 Nr. 2 Buchst. a und b BV 1995 die fiktiv auf die Vollendung des 65. Lebensjahres hochgerechnete Rente aus der gesetzlichen Rentenversicherung und die fiktiv hochgerechnete BVV-Rente anzurechnen. Die anzurechnende monatliche BVV-Rente beträgt dabei unstreitig 1.240,13 Euro. Auch die anrechenbare gesetzliche Altersrente hat die Beklagte mit einer Höhe von 2.266,49 Euro brutto monatlich zutreffend in Abzug gebracht. Bei der Ermittlung der anzurechnenden gesetzlichen Altersrente war es – entgegen der Auffassung des Klägers – zulässig, die tatsächlich zum Ausscheidenszeitpunkt festgestellten Entgeltpunkte anzusetzen. Dem steht nicht entgegen, dass die Rechtsvorgängerin der Beklagten im Rahmen der Berechnung der in der Mitteilung 2003 angegebenen Rentenanwartschaft zur Ermittlung der bei Ausscheiden erreichten Entgeltpunkte das steuerliche Näherungsverfahren nach § 2 Abs. 5 Satz 2 Halbs. 1 BetrAVG in der bis zum 31. Dezember 2017 geltenden Fassung vom 21. Juni 2002 zur Anwendung gebracht und auf diese Weise eine monatliche Zusatzversorgungsleistung von 161,10 Euro ermittelt hat.

24 (1) Ist bei der Berechnung des Teilanspruchs eine Rente der gesetzlichen Rentenversicherung zu berücksichtigen, so kann nach § 2a Abs. 3 BetrAVG (bis 31. Dezember 2017 entsprechend geregelt in § 2 Abs. 5 Satz 2 BetrAVG in der bis dahin geltenden Fassung) bei einer unmittelbaren oder über eine Unterstützungskasse durchgeführten Versorgungszusage das bei der Berechnung von Pensionsrückstellungen allgemein zulässige Verfahren zugrunde gelegt werden, es sei denn, der ausgeschiedene Arbeitnehmer weist die bei der gesetzlichen Rentenversicherung im Zeitpunkt des Ausscheidens erreichten Entgeltpunkte nach.

25 (a) § 2a Abs. 3 BetrAVG gestattet dem Arbeitgeber, die nach der jeweiligen Versorgungszusage zu berücksichtigende Leistung der gesetzlichen Rentenversicherung näherungsweise nach dem Verfahren zu bestimmen, das die Finanzverwaltung bei der Berechnung der Pensionsrückstellungen zugelassen hat (sog. Näherungsverfahren). Dieses Verfahren dient primär steuerlichen Zwecken und ist auf den Ausgleich einer Vielzahl von gleichförmigen Berechnungen mit individuell unterschiedlichen Ergebnissen ausgerichtet. Es nähert ohne Zuhilfenahme der individuellen Sozialversicherungsunterlagen des einzelnen Begünstigten für die Gesamtzahl der bei einem Unternehmen bestehenden Pensionsverpflichtungen den zutreffenden Bilanzausweis an *(Höfer BetrAVG I/Höfer Stand März 2024 § 2a Rn. 66)*. Dieser Möglichkeit einer pauschalen Berechnung von Renten aus der gesetzlichen Rentenversicherung liegt zugrunde, dass die Ermittlung der – im Zeitpunkt des Ausscheidens – maßgeblichen tatsächlichen Grundlagen zur Bestimmung der anzurechnenden fiktiven gesetzlichen Altersrente zum Zeitpunkt des Eintritts des Versorgungsfalls (bzw. bei Abfindung oder Übertragung der Anwartschaft nach §§ 3, 4 BetrAVG) im Einzelfall schwierig und unzumutbar sein kann *(vgl. BAG 12. November 1991 – 3 AZR 520/90 – zu II 4 der Gründe, BAGE 69, 19)*. Die Regelung will dem Arbeitgeber somit die Berechnung der Anwartschaft erleichtern und ihm größeren Aufwand ersparen *(vgl. BAG 9. Dezem-*

ber 1997 – 3 AZR 695/96 – zu III 1 a bb (2) der Gründe, BAGE 87, 250; BT-Drs. 7/ 1281 S. 27). § 2a Abs. 3 BetrAVG bezieht sich auf die bei Eintritt des Versorgungsfalls (bzw. bei Abfindung oder Übertragung der Anwartschaft nach §§ 3, 4 BetrAVG) vorzunehmende Berechnung der unverfallbaren Anwartschaft nach § 2a Abs. 1 BetrAVG und den darauf beruhenden Versorgungsanspruch.

26 (b) Der Arbeitgeber ist vor dem Hintergrund der auf ihn bezogenen Schutzfunktion der Norm nicht gezwungen, das Näherungsverfahren bei der Ruhegeldberechnung im Versorgungsfall anzuwenden. Er kann auch eine konkrete individuelle Berechnung vornehmen *(BAG 12. November 1991 – 3 AZR 520/90 – zu II 4 der Gründe, BAGE 69, 19; vgl. zu einem in diesem Sinne zu verstehenden „Wahlrecht" BAG 9. Dezember 1997 – 3 AZR 695/96 – zu III 1 a bb (2) der Gründe, BAGE 87, 250).* Weist der Arbeitnehmer die Anzahl der im Zeitpunkt seines Ausscheidens erreichten sozialversicherungsrechtlichen Entgeltpunkte nach, ist es dem Arbeitgeber nach dem Wortlaut der Norm jedoch verwehrt, das Näherungsverfahren anzuwenden *(BAG 9. Dezember 1997 – 3 AZR 695/ 96 – zu III 1 a bb der Gründe, aaO; Höfer BetrAVG I/Höfer Stand März 2024 § 2a Rn. 115; vgl. BT-Drs. 7/2843 S. 7).* Weder der Arbeitgeber noch der ausgeschiedene Arbeitnehmer kann gegen den Willen der anderen Vertragspartei das Näherungsverfahren durchsetzen. Jede Partei kann auf der individuellen Berechnung bestehen *(BAG 21. März 2006 – 3 AZR 374/05 – Rn. 31, BAGE 117, 268; 9. Dezember 1997 – 3 AZR 695/96 – zu III 1 a bb der Gründe, aaO).* Eine Frist für das Verlangen des Versorgungsberechtigten nach einer individuellen Berechnung gibt das Gesetz nicht vor, so dass es noch nach dem Ausscheiden geltend gemacht werden kann *(BAG 2. Dezember 2021 – 3 AZR 328/21 – Rn. 45, BAGE 176, 330).*

27 (2) Im Zeitpunkt der Berechnung seines Versorgungsanspruchs zum Eintritt des Versorgungsfalls hatte der Kläger nach den Feststellungen des Landesarbeitsgerichts die Anzahl der im Zeitpunkt seines Ausscheidens tatsächlich erreichten sozialversicherungsrechtlichen Entgeltpunkte durch Vorlage seines Rentenbescheids nachgewiesen. Daher war es der Beklagten nach § 2a Abs. 3 BetrAVG zu diesem Zeitpunkt verwehrt, das steuerliche Näherungsverfahren zur Berechnung des Teilanspruchs anzuwenden.

28 (3) Der Umstand, dass im Zusammenhang mit der Berechnung der in der Mitteilung 2003 angegebenen Versorgungsanwartschaft das steuerliche Näherungsverfahren zur Anwendung gebracht wurde, steht dieser Sichtweise – anders als der Kläger meint – nicht entgegen.

29 (a) Die Mitteilung 2003 ist als „Mitteilung im Sinne von § 2 Abs. 6 BetrAVG" bezeichnet. Die in ihr enthaltene Auskunft, die im Zeitpunkt ihrer Erteilung auf Grundlage von § 2 Abs. 6 BetrAVG in der bis zum 31. Dezember 2004 geltenden Fassung (aF) erfolgt war, ist weder ein abstraktes noch ein deklaratorisches Schuldanerkenntnis *(st. Rspr., BAG 9. Dezember 1997 – 3 AZR 695/96 – zu III 2 a der Gründe mwN, BAGE 87, 250).* Sie ist eine Wissenserklärung und dient der Information des Arbeitnehmers über die Höhe der zu erwartenden Betriebsrente. Die Auskunft dient nicht dazu, einen Streit über den Inhalt des Versorgungsanspruchs zu beseitigen, sie soll ggf. Meinungsverschiedenheiten über die Berechnungsgrundlagen aufdecken und den ausgeschiedenen Arbeitnehmern Gelegenheit geben, derartige Streitigkeiten noch vor Eintritt des Versorgungsfalls durch eine Klage auf Feststellung des Inhalts und der Höhe der Versorgungsanwartschaft zu bereinigen. Der Arbeitgeber ist daher

an den Inhalt der als bloßen Wissenserklärung anzusehenden Auskunft nicht gebunden, er ist berechtigt und verpflichtet, die Betriebsrenten im Versorgungsfall nach den maßgeblichen Versorgungsbestimmungen korrekt zu berechnen *(BAG 9. Dezember 1997 – 3 AZR 695/96 – aaO).*

30 (b) Demgemäß beschränkte sich die Mitteilung 2003 in Verbindung mit dem beigefügten Berechnungsbogen auf die Angabe der Arbeitgeberin, nach ihrem Kenntnisstand bestehe auf der Grundlage der Anwendung des steuerlichen Näherungsverfahrens gemäß BMF-Schreiben vom 10. Januar 2003 eine unverfallbare Versorgungsanwartschaft in der mitgeteilten Höhe von 161,10 Euro. Allein die Mitteilung dieses Wissens war ihr zum damaligen Zeitpunkt möglich, da ein Nachweis der tatsächlichen Entgeltpunkte durch den Kläger (noch) nicht erfolgt war. Zwar verpflichtet § 2 Abs. 6 BetrAVG aF den Arbeitgeber nicht dazu, theoretische Berechnungen über eine ggf. nicht geschuldete Betriebsrente durchzuführen *(BAG 9. Dezember 1997 – 3 AZR 695/96 – zu III 1 a ee der Gründe, BAGE 87, 250).* Es ist dem Arbeitgeber aber auch nicht verwehrt, entsprechende Auskünfte zu erteilen, insbesondere wenn keine andere Auskunft möglich ist. Das ließ es dem Kläger offen, die Entgeltpunkte später noch konkret nachzuweisen *(vgl. BAG 2. Dezember 2021 – 3 AZR 328/21 – Rn. 45, BAGE 176, 330).*

31 (c) Besondere Umstände, die die Annahme rechtfertigen, die Beklagte bzw. ihre Rechtsvorgängerin habe sich aufgrund der Mitteilung 2003 für die Zukunft an die Anwendung des Näherungsverfahrens gebunden, sind nicht gegeben.

32 (aa) Zu der weitgehend mit § 2a Abs. 3 Satz 1 BetrAVG übereinstimmenden Vorgängernorm in § 2 Abs. 5 Satz 2 BetrAVG aF hat der Senat angenommen, dem Arbeitgeber stehe ein nach billigem Ermessen auszuübendes Wahlrecht dahingehend zu, ob er das Näherungsverfahren anwende oder eine individuelle Berechnung der anzurechnenden Rentenleistung vornehme, wenn der Arbeitnehmer die Anzahl der im Zeitpunkt des Ausscheidens erreichten Entgeltpunkte nicht nachweist *(BAG 9. Dezember 1997 – 3 AZR 695/96 – zu III 1 a aa bis cc der Gründe, BAGE 87, 250).* Es kann offenbleiben, ob die dem Arbeitgeber in diesem Fall zustehende Möglichkeit der Wahl der Berechnungsmethode tatsächlich ein nach billigem Ermessen auszuübendes Wahlrecht begründet. Die Wahlmöglichkeit führt jedenfalls nicht dazu, dass der Arbeitgeber an die Anwendung des Näherungsverfahrens im Rahmen der einer Auskunft nach § 2 Abs. 6 BetrAVG aF zugrundeliegenden Berechnung auch für die Berechnung des Versorgungsanspruchs bei Eintritt des Versorgungsfalls gebunden wäre. Vielmehr hat der Senat mit der Annahme eines „Wahlrechts" nur zum Ausdruck gebracht, dass der Arbeitgeber nicht gezwungen ist, das Näherungsverfahren anzuwenden, wenn er eine individuelle Berechnung vorzieht, und dass insoweit eine Wahlmöglichkeit besteht. Das bedeutet hingegen nicht, dass sich der Arbeitgeber einseitig – schon gar nicht im Zusammenhang mit der frühzeitig nach dem Ausscheiden erfolgenden Auskunftserteilung nach § 2 Abs. 6 BetrAVG aF – auf das Näherungsverfahren festlegen kann oder will. Vielmehr darf er das Näherungsverfahren gerade nicht gegen den Willen des Arbeitnehmers und zumal dann nicht anwenden, wenn dieser die Anzahl der im Zeitpunkt seines Ausscheidens erreichten Entgeltpunkte nachweist *(vgl. BAG 9. Dezember 1997 – 3 AZR 695/96 – zu III 1 und III 1 a bb (1) der Gründe, aaO).* Dem steht schon entgegen, dass sich die Option des Näherungsverfahrens in § 2a Abs. 3 BetrAVG bzw. § 2 Abs. 5 Satz 2 BetrAVG aF – wie oben dargestellt – auf die bei Eintritt des Versorgungsfalls (bzw. bei Abfindung oder

Übertragung der Anwartschaft nach §§ 3, 4 BetrAVG) vorzunehmende Berechnung der unverfallbaren Anwartschaft und des darauf beruhenden Versorgungsanspruchs bezieht.

33 (bb) Eine Bindung der Arbeitgeberin an das Näherungsverfahren konnte im Zusammenhang mit der Mitteilung 2003 im Streitfall im Übrigen schon deshalb nicht eintreten, weil zu diesem Zeitpunkt nicht feststehen konnte, ob der Kläger bis zum Eintritt des Versorgungsfalls die Anzahl der im Zeitpunkt des Ausscheidens erreichten Entgeltpunkte – mit der Folge des Wegfalls der Möglichkeit der Anwendung des Näherungsverfahrens – nachweisen würde. Immerhin traf ihn – neben der entsprechenden arbeitsvertraglichen Nebenpflicht *(vgl. BAG 9. Dezember 1997 – 3 AZR 695/96 – zu III 1 a dd der Gründe, BAGE 87, 250)* – nach § 14 Nr. 1 und 2 BV 1995 die Pflicht, der Beklagten die benötigten sozialversicherungsrechtlichen Unterlagen zur Berechnung des Teilanspruchs zu beschaffen. Dieser Verpflichtung ist der Kläger bei Eintritt des Versorgungsfalls nachfolgend auch ohne Umschweife nachgekommen.

34 (cc) Auch Sinn und Zweck der Auskunftspflicht nach § 2 Abs. 6 BetrAVG aF erfordern es nicht, den Arbeitgeber abschließend an die Anwendung des Näherungsverfahrens im Rahmen der Auskunftserteilung zu binden. Dem Interesse des Arbeitnehmers, zeitnah eine Information über seinen Versorgungsanspruch zu erhalten, wird vielmehr gerade entsprochen, wenn zunächst – auch ohne Festlegung hierauf – unter Anwendung des Näherungsverfahrens eine zu diesem Zeitpunkt bestmögliche Berechnung erfolgen kann.

35 (dd) Keiner Entscheidung bedarf demnach, ob bereits der Umstand, dass es in dem der Mitteilung 2003 beigefügten Berechnungsbogen am Ende heißt, die Höhe u. a. eines Anspruchs auf vorzeitige Altersrente könne erst zum Zeitpunkt des Versorgungsfalls bestimmt werden, einer Selbstbindung an das Näherungsverfahren zur Bestimmung der anzurechnenden gesetzlichen Rente bei der Berechnung der hier in Rede stehenden vorzeitigen Altersrente des Klägers entgegenstand.

36 cc) Damit war die Berechnung der anzurechnenden fiktiven gesetzlichen Altersrente auf Grundlage der tatsächlich zum Ausscheidenszeitpunkt nachgewiesenen Entgeltpunkte rechtlich nicht zu beanstanden. Unter Berücksichtigung des Umstands, dass der Kläger bei einer fiktiven Fortbeschäftigung bis zur Vollendung des 65. Lebensjahres weitere 35,4939 Entgeltpunkte hätte erwerben können, und dem bei Renteneintritt aktuellen Rentenwert iHv. 26,13 Euro, errechnete die Beklagte – unter Berücksichtigung der weiteren Maßgaben nach § 6 BV 1995 – eine anrechenbare (fiktive) Sozialversicherungsrente iHv. 2.266,49 Euro brutto. Danach besteht unter weiterer Anrechnung der BVV-Rente im Ergebnis kein Anspruch des Klägers auf Zahlung eines Altersruhegelds nach der BV 1995.

37 II. Der Hilfsantrag, der dem Senat mit der Abweisung der Hauptanträge zur Entscheidung anfällt, ist unbegründet.

38 1. Die Rechtshängigkeit des im Berufungsverfahren vom Kläger weiterverfolgten Hilfsantrags ist nicht dadurch entfallen, dass das Landesarbeitsgericht den Antrag übergangen und – wie vorliegend – keine Partei innerhalb der Frist des § 321 Abs. 2 ZPO eine Ergänzung des Berufungsurteils verlangt hat *(vgl. BAG 21. März 2024 – 2 AZR 113/23 – Rn. 19; BGH 16. Februar 2005 – VIII ZR 133/04 – Rn. 19).* Zwar hat sich das Landesarbeitsgericht in den Gründen des Berufungsurteils nicht mit dem ihm aufgrund der Abweisung der Hauptanträge zur Entscheidung anfallenden Hilfs-

antrag befasst. Es hat allerdings im Entscheidungstenor die Klage insgesamt abgewiesen und damit den Hilfsantrag nicht übergangen. Von der Klageabweisung war vielmehr auch der Hilfsantrag erfasst.

39 2. Der Antrag ist unbegründet. Die Beklagte hat keine Informationspflichten verletzt, die einen Schadensersatzanspruch des Klägers nach § 280 Abs. 1 Satz 1 BGB begründen könnten. Die Rechtsvorgängerin der Beklagten hat dem Kläger – entgegen seiner Ansicht – keine falsche Auskunft bezüglich seiner Betriebsrente erteilt. Sie hat ihm – zutreffend – mitgeteilt, dass bei Anwendung des Näherungsverfahrens zur Ermittlung der im Ausscheidenszeitpunkt erdienten Entgeltpunkte im Versorgungsfall die anzurechnende Sozialversicherungsrente die mitgeteilte Höhe hätte.

40 III. Die Kostenentscheidung folgt aus § 97 Abs. 1 ZPO.“

4.3 Gleichbehandlungsgrundsatz – Absenkung der Versorgungsrechte durch Krisentarifvertrag

BAG Entscheidung vom 26. November 2024 – 3 AZR 28/24, weitere Parallelentscheidung vom 26. November 2024, 3 AZR 40/24

Dem dritten Senat zur Entscheidung vorgelegt:

Der dritte Senat des Bundesarbeitsgerichts hatte im Revisionsverfahren über die Frage zu entscheiden, ob die Beklagte nach dem „Tarifvertrag über Maßnahmen zur Eindämmung der Folgen der Coronakrise (TV KAK)“ die arbeitgeberfinanzierten Beiträge zur betrieblichen Altersversorgung des Klägers wirksam aussetzen durfte oder ob der Kläger – obwohl er erst im Rahmen des zweiten Freiwilligenprogramms („Now!Cabin“/DV II) durch Aufhebungsvertrag ausgeschieden war – nach § 2 Nr. 2 Buchst. f TV KAK von der Beitragsaussetzung ausgenommen ist (auch unter Berücksichtigung der rückwirkenden Klarstellungsvereinbarung vom 25. Mai 2022).

Tenor des Urteils:

- *Auf die Revision der Beklagten wird das Urteil des Landesarbeitsgerichts Köln vom 26. April 2023 – 11 Sa 777/22 – aufgehoben.*
- *Die Berufung des Klägers gegen das Urteil des Arbeitsgerichts Köln vom 12. Oktober 2022 – 2 Ca 4083/22 – wird zurückgewiesen, soweit der Kläger mit seinen Anträgen Zinsen geltend macht.*
- *Im Übrigen wird die Sache zur neuen Verhandlung und Entscheidung – auch über die Kosten des Revisionsverfahrens – an das Landesarbeitsgericht zurückverwiesen.*

Leitsätze des Gerichts:

1. Rückwirkende Regelungen eines Tarifvertrags verstoßen nicht gegen den aus dem Rechtsstaatsprinzip (Art. 20 Abs. 3 GG) folgenden Vertrauensgrundsatz, wenn es an einem schutzwürdigen Vertrauen in den Fortbestand der begünstigenden Rechtslage fehlt. Das ist insbesondere dann der Fall, wenn die rückwirkende Norm der Beseitigung einer unklaren Rechtslage dient.
2. Bei der Normsetzung sind Tarifvertragsparteien an die aus dem Rechtsstaatsprinzip (Art. 20 Abs. 3 GG) folgenden Grundsätze des Vertrauensschutzes und der Verhältnismäßigkeit gebunden. Für eine Verschlechterung der Versorgungsrechte bedürfen sie legitimierender Gründe, deren Gewicht von den Nachteilen abhängt, die den Versorgungsberechtigten durch die Änderung der Versorgungsregelungen entstehen. Für nicht schwerwiegende Eingriffe reicht jeder sachliche Grund aus.

Zum Tatbestand:

- Der Kläger war seit 1997 als Flugbegleiter bei der Beklagten beschäftigt.
- Sein Arbeitsvertrag verwies dynamisch auf die für die Kabine geltenden Tarifverträge und sah eine tarifvertraglich geregelte betriebliche Altersversorgung vor.
- Kläger und Beklagte waren jeweils tarifgebunden (Beklagte über den Arbeitgeberverband Luftverkehr e. V., Kläger über die Gewerkschaft UFO).
- Die bAV war u. a. im TV „Lufthansa Rente Kabine“ geregelt (arbeitgeberfinanzierte Beiträge zum Basiskonto AV und ÜV, kapitalmarktorientiertes Modell.
- Daneben Beiträge zur Versorgungskasse Kabine).

- In der Corona-Pandemie schlossen die Tarifvertragsparteien 2020 den TV KAK („Krisenbeitrag“). Er sah zur Kostensenkung vor, dass die Arbeitgeberbeiträge zur bAV zeitweise ausgesetzt werden (AV 07/2020–01/2021, ÜV 07/2020–06/2021, VKK 01/2021–12/2023), jeweils kompensationslos und ohne Nachholung.
- Gleichzeitig gab es u. a. einen Kündigungsschutzmechanismus (Ausschluss betriebsbedingter Beendigungskündigungen während der Laufzeit).
- Der TV KAK enthielt aber eine Ausnahme.
- Die Absenkungsregeln sollten nicht gelten für Mitarbeitende, die innerhalb einer Annahmefrist eines Freiwilligenprogramms einen Aufhebungsvertrag schließen bzw. „auf Grund der Freiwilligenprogramme“ ausscheiden.
- Parallel gab es betriebliche „Duldungsvereinbarungen“ zu Freiwilligenprogrammen, 2020 eine erste (DV I) und 2021 eine zweite („Now!Cabin“, DV II).
- Der Kläger schied auf Grundlage der DV II durch Aufhebungsvertrag zum 31. Januar 2022 aus. Im Aufhebungsvertrag (Nr. 9) wurde klargestellt, dass er Ansprüche nach dem TV Lufthansa Rente Kabine hat; weitere Zusagen bestünden nicht; im Übrigen solle die DV II Anwendung finden.
- Der Kläger verlangte danach unter Berufung auf die Ausnahmevorschrift, die ausgesetzten bAV-Beiträge müssten für ihn trotz TV KAK geleistet/gutgeschrieben werden (AV-, ÜV- und VKK-Beiträge, jeweils mit Zinsen).
- 2022 schlossen die Tarifvertragsparteien zudem eine „Vereinbarung zur Klarstellung“, wonach Bezugnahmen im TV KAK auf „Freiwilligenprogramm(e)“ ausschließlich die in der DV I (31.08.2020) beschriebenen Maßnahmen betreffen sollten.
- Die Beklagte berief sich darauf im Prozess.
- Das Arbeitsgericht wies die Klage ab.
- Das Landesarbeitsgericht gab ihr statt.
- Die Beklagte legte Revision ein.

Aus den Entscheidungsgründen:

14 **„Die Revision der Beklagten ist begründet. Mit der gegebenen Begründung durfte das Landesarbeitsgericht der Klage nicht stattgeben. Ob die Klage begründet ist, steht noch nicht fest. Dies führt zur Aufhebung des Berufungsurteils und zur Zurückverweisung der Sache an das Landesarbeitsgericht.**

15 **I. Die Annahme des Landesarbeitsgerichts, die Beklagte sei verpflichtet, die gemäß § 2 Nr. 2 Buchst. a bis c TV KAK ausgesetzten Beiträge zur betrieblichen Altersversorgung des Klägers aufgrund von § 2 Nr. 2 Buchst. f TV KAK iVm. § 13 TV Rente Kabine nachzuentrichten, hält einer revisionsrechtlichen Überprüfung nicht stand. Die Bestimmung, nach der die Aussetzung der Beiträge, die aufgrund des TV Rente Kabine zu entrichten sind, u. a. nicht für Mitarbeiter gilt, die innerhalb der von der Beklagten gesetzten Annahmefrist des Freiwilligenprogramms einen Aufhebungsvertrag abschließen, findet auf den iRd. DV II ausgeschiedenen Kläger keine Anwendung. Es bedarf keiner Entscheidung, ob dies bereits ihre Auslegung ohne Berücksichtigung der Klarstellungsvereinbarung vom 25. Mai 2022 ergibt. Jedenfalls haben die Tarifvertragsparteien mit der Klarstellungsvereinbarung die unklare tarifliche Regelung im TV KAK zulässig mit normativer Wirkung**

mit dem Ergebnis (rückwirkend) konkretisiert, dass §2 Nr. 2 Buchst. f TV KAK nicht für Arbeitnehmer gilt, die – wie der Kläger – erst im zweiten Freiwilligenprogramm (DV II) ausgeschieden sind.

16 1. Bei der Klarstellungsvereinbarung handelt sich um eine tarifvertragliche Regelung. Sie soll mit unmittelbar normativer Wirkung eine unklare tarifliche Regelung klarstellen. Das ergibt ihre Auslegung *(vgl. hierzu BAG 26. Februar 2020 – 4 AZR 48/19 – Rn. 31 f., BAGE 170, 56; in diese Richtung auch BAG 24. Juli 1990 – 1 ABR 44/89 – zu V a der Gründe; BVerfG 17. Dezember 2013 – 1 BvL 5/08 – Rn. 59; 8. September 2008 – 2 BvL 6/03 – Rn. 23).*

17 a) Ob eine zwischen Tarifvertragsparteien geschlossene Vereinbarung Regelungs- bzw. Rechtsqualität hat, hängt neben der Notwendigkeit der Erfüllung des Schriftformerfordernisses (§ 1 Abs. 2 TVG iVm. §§ 126, 126a BGB) davon ab, ob darin der Wille der Tarifvertragsparteien zur Normsetzung hinreichend deutlich zum Ausdruck kommt. Dies ist im Wege der Auslegung nach den für die Auslegung von Gesetzen geltenden Regeln zu ermitteln *(vgl. BAG 30. November 2022 – 5 AZR 27/22 – Rn. 37 mwN).*

18 b) Danach handelt es sich bei der die gesetzliche Schriftform wahrenden Klarstellungsvereinbarung um die Inhaltsnorm eines Tarifvertrags iSd. § 1 Abs. 1 TVG. Dies ergibt sich aus ihrem Wortlaut und dem darin zum Ausdruck kommenden Regelungswillen. So lautet die Überschrift „Vereinbarung zur Klarstellung", die die Vereinbarung schließende Arbeitgeber- und Arbeitnehmervereinigung sind als „Parteien" bezeichnet und der Regelungszweck – die Klarstellung des Inhalts eines Tarifvertrags – ist ausdrücklich genannt. Die Formulierung, die Klarstellung solle „protokolliert" werden, steht einer normativ wirkenden Regelung nicht entgegen. Dass es sich um eine ihrerseits bindende Vereinbarung handeln soll, wird vielmehr bereits aus der Überschrift deutlich. Der gegenüber dem TV KAK konkretisierende Regelungsinhalt besteht darin, dass ausdrücklich und abschließend klargestellt wird, sämtliche Bezugnahmen auf ein Freiwilligenprogramm oder die Freiwilligenprogramme im TV KAK beträfen ausschließlich die in der Duldungsvereinbarung vom 31. August 2020 beschriebenen freiwilligen Maßnahmen.

19 Auch wenn die Tarifvertragsparteien mit der Klarstellungsvereinbarung „nur" etwas klarstellen wollten, wollten sie doch erkennbar diese Folgen auch „vereinbaren", regeln und für die Normunterworfenen normativ zur Geltung bringen *(vgl. zu diesem Erfordernis BAG 26. Februar 2020 – 4 AZR 48/19 – Rn. 31, BAGE 170, 56).* Das betraf nicht nur § 2 Nr. 2 Buchst. f TV KAK, sondern ausweislich der Überschrift auch § 2 Nr. 4 und § 3 Nr. 2 TV KAK. Aus der Vereinbarung wird dadurch klar, dass die Tarifvertragsparteien im TV KAK die Begrenzung auf ein Freiwilligenprogramm angenommen, aber – wie sie später erkannten – nicht hinreichend deutlich geregelt hatten. Diese Unklarheit sollte mit der Klarstellungsvereinbarung mit verbindlicher Wirkung beseitigt werden.

20 2. Die tarifvertragliche Klarstellung war auch mit Rückwirkung zulässig, da sie eine unklare Rechtslage bereinigte.

21 a) Eine rückwirkende Regelung verstößt nicht gegen den aus dem Rechtsstaatsprinzip (Art. 20 Abs. 3 GG) folgenden Vertrauensgrundsatz, wenn es an einem schutzwürdigen Vertrauen in den Fortbestand der begünstigenden Rechtslage fehlt. Das ist insbesondere dann der Fall, wenn die rückwirkende Norm der Beseitigung einer unklaren Rechtslage dient *(vgl. BAG 27. März 2007 – 3 AZR 60/06 – Rn. 34).* Führt eine tarifli-

che Norm zur rückwirkenden Beseitigung einer unklaren Rechtslage, wird dadurch nicht in schutzwürdiges Vertrauen auf den Fortbestand einer etwaig begünstigenden Rechtslage eingegriffen *(BAG 15. November 2011 – 3 AZR 113/10 – Rn. 35)*.

22 b) Die Regelung in § 2 Nr. 2 Buchst. f TV KAK war in diesem Sinne in ihrer Geltung für das zweite Freiwilligenprogramm unklar. Die normunterworfenen Arbeitnehmer konnten ihr nicht ohne erhebliche Unklarheit entnehmen, dass die Rückausnahme auch für weitere Freiwilligenprogramme nach der DV I gelten sollte. Bereits nach dem Wortlaut der Regelung war unklar, ob ein zweites späteres Freiwilligenprogramm mit einer weiteren Annahmefrist hiervon erfasst sein sollte. § 2 Nr. 2 Buchst. f TV KAK spricht nur von einer Annahmefrist und einem Freiwilligenprogramm für die Arbeitnehmer, die aufgrund eines Aufhebungsvertrags ausscheiden. Der Plural „Freiwilligenprogramme" im zweiten Satzteil bezieht sich allein auf die, hier nicht in Rede stehenden, in die Versorgung ausscheidenden Arbeitnehmer. Außerdem sind Bestimmungen über die Rückausnahme von einem Grundsatz wie in § 2 Nr. 2 Buchst. f TV KAK systematisch grundsätzlich eng zu verstehen.

23 Im Zeitpunkt des Abschlusses der DV II und der darauf beruhenden Aufhebungsverträge Ende 2021 war jedenfalls unklar, ob auch ein zweites Freiwilligenprogramm von § 2 Nr. 2 Buchst. f TV KAK erfasst sein sollte. § 2 Nr. 4 TV KAK sprach davon, dass die Beklagte „schnellstmöglich zur Verringerung des Personalüberhangs Freiwilligenprogramme anbieten" wollte. Zeitnah zum Abschluss des TV KAK war die DV I vereinbart worden, deren Laufzeit Ende März 2021 endete. Ende 2021 konnte dagegen von „schnellstmöglich" nicht mehr die Rede sein. Gerade in Anbetracht der langen Laufzeit des TV KAK bis Ende 2023 hätte es nahegelegen, klarer zu bestimmen, wenn nicht nur „schnellstmöglich" vereinbarte, sondern auch spätere – neu aufgelegte – Freiwilligenprogramme von § 2 Nr. 2 Buchst. f TV KAK hätten erfasst sein sollen.

24 II. Der Senat kann nicht selbst entscheiden, ob die Aussetzung der Beiträge gemäß § 2 Nr. 2 Buchst. a bis c TV KAK wirksam ist. Dies hat das Berufungsgericht – aus seiner Sicht konsequent – nicht geprüft. Sollten die Tarifnormen unwirksam sein, bestünde der Anspruch des Klägers auf die Beiträge gemäß § 13 TV Rente Kabine fort.

25 1. Die Regelungen des TV KAK setzen den Anspruch des Klägers auf Beitragsleistungen zur betrieblichen Altersversorgung aus § 13 TV Rente Kabine aus und verschlechtern damit seine späteren Ansprüche auf betriebliche Altersversorgung im Leistungsfall.

26 2. Nach dem Ablösungsprinzip (Zeitkollisionsregel) findet wegen des gleichen Rangs der Tarifverträge TV Rente Kabine und TV KAK kein Günstigkeitsvergleich zwischen den bisherigen und den ablösenden Regelungen statt.

27 a) Der Änderungsvorbehalt ist immanenter Bestandteil tarifautonomer Regelungen und den Normunterworfenen bewusst. Die materiell-rechtliche Überprüfung einer durch Tarifvertrag bewirkten Verschlechterung einer Versorgungsregelung ist beschränkt, da die Tarifautonomie durch Art. 9 Abs. 3 GG geschützt ist und Tarifverträge keiner Billigkeitskontrolle unterliegen. Die Gerichte haben sie nur daraufhin zu überprüfen, ob sie gegen das Grundgesetz oder anderes höherrangiges Recht verstoßen. Den Tarifvertragsparteien stehen aufgrund der verfassungsrechtlich geschützten Tarifautonomie erhebliche Beurteilungs-, Bewertungs- und Gestaltungsspielräume zu. Ihnen ist eine sog. Einschätzungsprärogative in Bezug auf die tatsäch-

lichen Gegebenheiten und betroffenen Interessen zuzugestehen. Die Tarifvertragsparteien sind nicht verpflichtet, die jeweils zweckmäßigste, vernünftigste oder gerechteste Lösung zu wählen *(BAG 18. Februar 2020 – 3 AZR 258/18 – Rn. 31 f.; 21. August 2007 – 3 AZR 102/06 – Rn. 43 mwN, BAGE 124, 1).*

28 Für diese Prärogative spricht auch im Betriebsrentenrecht, dass der Gesetzgeber den Tarifvertragsparteien mit § 19 Abs. 1 BetrAVG die Möglichkeit eingeräumt hat, den Wert erdienter Anwartschaften abweichend von §§ 2, 2a Abs. 1, §§ 3 und 4 BetrAVG festzusetzen und abweichend von § 5 und § 16 BetrAVG Regelungen über die Auszehrung laufender Betriebsrenten zu treffen *(BAG 18. Februar 2020 – 3 AZR 258/18 – Rn. 33; 31. Juli 2018 – 3 AZR 731/16 – Rn. 39 mwN, BAGE 163, 192).*

29 b) Allerdings sind die Tarifvertragsparteien bei ihrer Normsetzung an die aus dem Rechtsstaatsprinzip (Art. 20 Abs. 3 GG) folgenden Grundsätze des Vertrauensschutzes und der Verhältnismäßigkeit gebunden *(BAG 31. Juli 2018 – 3 AZR 731/16 – Rn. 40, BAGE 163, 192; 27. Februar 2007 – 3 AZR 734/05 – Rn. 39 mwN, BAGE 121, 321).* Verschlechternde ablösende Tarifregelungen wirken typischerweise auf die noch nicht abgeschlossenen Rechtsbeziehungen der aktiven Arbeitnehmer oder der Versorgungsempfänger ein. Damit entfalten sie regelmäßig unechte Rückwirkung *(zum Begriff vgl. BAG 27. März 2014 – 6 AZR 204/12 – Rn. 46, BAGE 147, 373).* Für eine Verschlechterung der Versorgungsrechte bedürfen die Tarifvertragsparteien daher dieser legitimierenden Gründe. Wie gewichtig diese sein müssen, hängt von den Nachteilen ab, die den Versorgungsberechtigten durch die Änderung der Versorgungsregelungen entstehen *(BAG 18. Februar 2020 – 3 AZR 258/18 – Rn. 37; 31. Juli 2018 – 3 AZR 731/16 – aaO; 20. September 2016 – 3 AZR 273/15 – Rn. 34 mwN).* Ist der Eingriff nicht schwerwiegend, reicht jeder sachliche Grund aus *(BAG 28. Juli 2005 – 3 AZR 433/04 – Rn. 29 f.).*

30 3. Ob die Aussetzung der Beiträge zur betrieblichen Altersversorgung des Klägers zulässig war, kann der Senat nicht selbst beurteilen.

31a) Die von den Tarifvertragsparteien vorgenommenen Beschränkungen in § 2 Nr. 2 Buchst. a bis c TV KAK haben durchaus einiges Gewicht, da sie die Beiträge für die betriebliche Altersversorgung in erheblicher Höhe aussetzen und damit die spätere Altersversorgung schmälern. Allerdings verringern sie allein die spätere, noch aufzubauende Versorgung und beschränken die Aussetzung auf einen maximalen Zeitraum von drei Jahren – zudem zeitversetzt in einzelnen Bereichen der Versorgung. Ob dafür ein sachlicher Grund vorliegt, lässt sich aufgrund der bisherigen Feststellungen nicht beurteilen. Das Landesarbeitsgericht wird der Beklagten im fortgesetzten Berufungsverfahren Gelegenheit zu geben haben, hierzu näher vorzutragen.

32 b) Dies gilt auch im Hinblick darauf, ob die Maßnahme in einem nachvollziehbaren Verhältnis zum Anlass und anderen Sanierungsmaßnahmen stand. So lässt sich zwar bereits dem TV KAK entnehmen, dass auch anderweitige Sanierungsmaßnahmen vorgesehen waren, wie etwa die Aussetzung von Steigerungsstufen bei der Gehaltsentwicklung. Den vorgesehenen Einbußen steht überdies ein Verzicht auf betriebsbedingte Kündigungen gegenüber. Ohne nähere Feststellungen zum Anlass der Maßnahmen ist eine abschließende Würdigung jedoch nicht möglich.

33 III. Das Berufungsgericht wird außerdem zu prüfen haben, ob sachliche Gründe dafür vorlagen, dass die Tarifvertragsparteien nur Mitarbeiter, die bereits im Rahmen des ersten Freiwilligenprogramms ausschieden, von der Aussetzung der Beiträge

ausgenommen haben, nicht aber Mitarbeiter, die wie der Kläger, erst im Rahmen der DV II eine Ausscheidensvereinbarung schlossen. Sollte es daran fehlen, wird das Landesarbeitsgericht weiter zu prüfen haben, ob die ungerechtfertigte Ungleichbehandlung nur dadurch zu beheben ist, dass auch den erst im Rahmen der DV II ausgeschiedenen Arbeitnehmern die Ausnahme von der Beitragsaussetzung zugutekommt.

34 1. Der allgemeine Gleichheitssatz des Art. 3 Abs. 1 GG bildet als fundamentale Gerechtigkeitsnorm eine ungeschriebene Grenze auch der Tarifautonomie. Der Schutzauftrag der Verfassung verpflichtet die Arbeitsgerichte dazu, Tarifregelungen die Durchsetzung zu verweigern, die zu gleichheitswidrigen Differenzierungen führen. Allerdings ist zu beachten, dass den Tarifvertragsparteien als selbständigen Grundrechtsträgern der durch Art. 9 Abs. 3 GG geschützten Tarifautonomie bei ihrer Normsetzung ein weiter Gestaltungsspielraum zusteht. Ihnen kommt eine Einschätzungsprärogative zu, soweit die tatsächlichen Gegebenheiten, die betroffenen Interessen und die Regelungsfolgen zu beurteilen sind, sowie ein Beurteilungs- und Ermessensspielraum hinsichtlich der inhaltlichen Gestaltung der Regelung. Die Tarifvertragsparteien sind nicht verpflichtet, die jeweils zweckmäßigste, vernünftigste oder gerechteste Lösung zu wählen. Es genügt in der Regel, wenn für die getroffene Regelung ein sachlicher Grund besteht *(BAG 23. Februar 2021 – 3 AZR 618/19 – Rn. 39 f., BAGE 174, 116; 29. September 2020 – 9 AZR 364/19 – Rn. 47 mwN, BAGE 172, 313; 3. Juli 2019 – 10 AZR 300/18 – Rn. 19).*

35 2. Im fortgesetzten Berufungsverfahren wird der Beklagten Gelegenheit zu geben sein, näher zum Zweck der Ausnahme von der Beitragsaussetzung für Arbeitnehmer, die im Rahmen des ersten Freiwilligenprogramms ausschieden, und den Gründen vorzutragen, diese Ausnahme nicht auch auf erst im Rahmen späterer Freiwilligenprogramme ausscheidende Arbeitnehmer zu erstrecken.

36 IV. Die Entscheidung des Landesarbeitsgerichts erweist sich nicht deshalb als im Ergebnis richtig, weil den Regelungen des TV KAK iVm. der Klarstellungsvereinbarung eine für den Kläger günstigere einzelvertragliche Regelung im mit der Beklagten geschlossenen Aufhebungsvertrag vorginge.

37 1. Der Kläger ist tarifgebunden. Der TV KAK kommt auf sein Arbeitsverhältnis normativ zur Anwendung.

38 2. Die Auslegung des Aufhebungsvertrags ergibt, dass darin keine von den Tarifbestimmungen abweichende Regelung zur Aussetzung der Beiträge getroffen ist. Mit der Bezugnahme in Nr. 9 des Aufhebungsvertrags auf den TV Rente Kabine sind vielmehr auch der diesen modifizierende TV KAK sowie die Klarstellungsvereinbarung vom 25. Mai 2022 in Bezug genommen.

39 a) Beim Aufhebungsvertrag der Parteien handelt es sich um einen Formularvertrag, der nach den Regelungen über Allgemeine Geschäftsbedingungen auszulegen und dessen Auslegung durch das Landesarbeitsgericht in der Revisionsinstanz voll überprüfbar ist. Allgemeine Geschäftsbedingungen sind nach ihrem objektiven Inhalt und typischen Sinn einheitlich so auszulegen, wie sie von verständigen und redlichen Vertragspartnern unter Abwägung der Interessen der normalerweise beteiligten Verkehrskreise verstanden werden. Dabei sind die Verständnismöglichkeiten des durchschnittlichen Vertragspartners des Verwenders zugrunde zu legen. Ansatzpunkt für die Auslegung Allgemeiner Geschäftsbedingungen ist in erster Linie der Vertrags-

wortlaut. Von Bedeutung für das Auslegungsergebnis sind ferner der von den Vertragsparteien verfolgte Regelungszweck sowie die der jeweils anderen Seite erkennbare Interessenlage der Beteiligten *(BAG 12. Juni 2024 – 4 AZR 202/23 – Rn. 20, 21).*

40 b) Nach ständiger Rechtsprechung des Senats sind Verweisungen auf die für die betriebliche Altersversorgung beim Arbeitgeber geltenden Bestimmungen im Regelfall dynamisch. Sie verweisen, soweit keine gegenteiligen Anhaltspunkte bestehen, auf die jeweils beim Arbeitgeber geltenden Regelungen. Das Verständnis einer solchen Bezugnahme als dynamische Verweisung auf die jeweils geltenden Versorgungsregelungen ist sachgerecht und wird in der Regel den Interessen der Parteien eher gerecht als eine statische Verweisung auf einen im Zeitpunkt des Vertragsabschlusses bestehenden Rechtszustand. Nur so wird eine einheitliche Anwendung der Versorgungsordnung auf alle von ihr erfassten Arbeitnehmer und Versorgungsempfänger des Arbeitgebers sichergestellt. Der Arbeitgeber will im Zweifel die betriebliche Altersversorgung nach einheitlichen Regeln, dh. als System, erbringen. Ein solches System darf nicht erstarren. Dies ist bei der Auslegung dahingehender Vereinbarungen zu berücksichtigen. Deshalb ist für den Regelfall eine dynamische Verweisung anzunehmen. Will der Arbeitgeber eine Versorgung unabhängig von der jeweils geltenden allgemeinen Versorgungsordnung zusagen, muss er dies deutlich zum Ausdruck bringen *(BAG 21. November 2023 – 3 AZR 44/23 – Rn. 16).*

41 c) Danach ist Nr. 9 des Aufhebungsvertrags dahin auszulegen, dass sowohl der TV Rente Kabine als auch ihn etwaig ändernde Tarifverträge in Bezug genommen sind. Es gibt keinen Anhaltspunkt dafür, dass mit der Regelung nicht dynamisch auf den TV Rente Kabine und damit nicht einschließlich ihn ändernder oder ergänzender Tarifverträge verwiesen wurde. Daran ändert es nichts, dass die Verweisung insbesondere im Hinblick auf etwaige Unklarheiten betreffend die ursprüngliche Bezugnahmeklausel im Arbeitsvertrag und daraus folgende Auslegungsstreitigkeiten *(vgl. BAG 28. April 2021 – 4 AZR 229/20 – BAGE 174, 382)* vereinbart wurde. Ihren Charakter als dynamische Bezugnahme zeigt außerdem der Umstand, dass nach der Klausel die Duldungsvereinbarung Freiwilligenprogramm Nr. 2 „Now!Cabin“ vom 5. Oktober 2021 Anwendung finden sollte, deren Präambel bereits auf den TV KAK Bezug nimmt.

42 d) Sowohl aufgrund der Tarifgebundenheit des Klägers als auch nach der Bezugnahmeklausel in Nr. 9 des Aufhebungsvertrags richten sich seine Versorgungsansprüche damit nach dem TV Rente Kabine einschließlich der diesen ändernden Tarifverträge. Nicht tarifgebundene Arbeitnehmer mit einer gleichlautenden Bezugnahmeklausel im Aufhebungsvertrag sind deshalb entgegen der Auffassung des Klägers auch nicht bessergestellt.

43 V. Über die Zinsforderungen des Klägers kann der Senat bereits abschließend entscheiden. Die Revision der Beklagten ist insoweit begründet, die Klage unbegründet. Die Zinsforderungen hängen nicht vom Bestehen der Hauptforderung ab. Der Kläger hat gegen die Beklagte keinen Anspruch auf Zinsen auf die etwaig verspätete Leistung von Beiträgen auf die Versorgungskonten bzw. an die Versorgungskasse. Es handelt sich bei den verlangten Zahlungen nicht um Geldschulden der Beklagten gegenüber dem Kläger iSd. § 288 Abs. 1 und § 291 BGB *(vgl. ausf. BAG 12. Juni 2007 – 3 AZR 186/06 – Rn. 37, BAGE 123, 82; BeckOGK/Dornis Stand 1. Juni 2024 BGB § 288 Rn. 33, 34; aA Höfer BetrAVG I/Höfer Stand März 2024 § 18a Rn. 15).“*

4.4 Ansprüche des Pensions-Sicherungs-Vereins – Verjährung

BAG Entscheidung vom 21. Januar 2025 – 3 AZR 45/24

Dem dritten Senat zur Entscheidung vorgelegt:

Der dritte Senat des Bundesarbeitsgerichts hatte im Revisionsverfahren über die Frage zu entscheiden, ob auf den Pensions-Sicherungs-Verein übergegangene und zur Insolvenztabelle angemeldete, kapitalisierte Forderungen aus betrieblicher Altersversorgung der 30-jährigen Verjährungsfrist des § 18a Satz 1 BetrAVG oder der regelmäßigen dreijährigen Verjährungsfrist (vgl. § 18a Satz 2 BetrAVG iVm. § 195 BGB) unterliegen.

Tenor des Urteils:

- *Die Revision des Beklagten gegen das Urteil des Landesarbeitsgerichts Baden-Württemberg vom 28. Februar 2024 – 4 Sa 36/23 – wird zurückgewiesen.*
- *Der Beklagte hat die Kosten der Revision zu tragen.*

Leitsatz des Gerichts:

Auf den Pensions-Sicherungs-Verein übergegangene und kapitalisierte Forderungen gegen die Insolvenzmasse verjähren gemäß § 18a Satz 1 BetrAVG in 30 Jahren.

Wichtige redaktionell zusammengefasste Leitsätze zu den zentralen rechtlichen Überlegungen und Feststellungen der Entscheidung des Gerichts:

1. § 18a BetrAVG regelt die Verjährung von Ansprüchen auf Leistungen der betrieblichen Altersversorgung abschließend.
2. Grundsätzlich gilt die 30-jährige Verjährungsfrist nach § 18a Satz 1 BetrAVG.
3. Die dreijährige Regelverjährung greift nach § 18a Satz 2 BetrAVG nur bei Ansprüchen auf regelmäßig wiederkehrende Leistungen.
4. Auf den PSV übergegangene Versorgungsansprüche bleiben „Leistungen der betrieblichen Altersversorgung“ iSv. § 18a Satz 1 BetrAVG.
5. Der gesetzliche Forderungsübergang nach § 9 Abs. 2 BetrAVG ändert ihren Charakter nicht.
6. Wird die Forderung im Insolvenzverfahren nach InsO/BetrAVG kapitalisiert, liegt keine wiederkehrende Leistung iSv. § 18a Satz 2 BetrAVG, sondern ein kapitalisierter Gesamtbetrag vor.
7. Für kapitalisierte PSV-Forderungen passt auch nach Sinn und Zweck die 30-jährige Verjährung.
8. Die 30-jährige Verjährung schützt die Versorgung „als Ganzes“ (auch zukünftige Leistungen) und berücksichtigt den erheblichen Ermittlungs- und Berechnungsaufwand; eine Verzögerung des Insolvenzverfahrens folgt daraus nicht.
9. Ob eine frühere (Teil-)Anmeldung eine Hemmung nach § 204 Abs. 1 Nr. 10 BGB auch für später nachgemeldete Mehrbeträge bewirken kann, hat der Senat ausdrücklich offengelassen.

Zum Tatbestand:

- Über das Vermögen einer GmbH & Co. KG (Schuldnerin), die ihren Arbeitnehmern Betriebsrentenzusagen erteilt hatte, wurde am 28. Januar 2010 das Insolvenzverfahren eröffnet.

- Der PSV meldete Forderungen aus übergegangenen Betriebsrentenansprüchen mit Schreiben vom 3. März 2010, 28. November 2013 und 16. November 2016 in Höhe von insgesamt 157.637,56 € an.
- Diese wurden vom Insolvenzverwalter zur lfd. Nr. 33 der Tabelle festgestellt.
- Der Anmeldung 2016 lag ein versicherungsmathematisches Gutachten zugrunde, das zur Abzinsung bei der Kapitalisierung einen Rechnungszins von 5,5 % verwendete.
- Nachdem das BAG am 18. Mai 2021 (3 AZR 317/20) entschieden hatte, dass bei der Kapitalisierung der gesetzliche Zinssatz von 4 % (statt 5,5 %) zugrunde zu legen sei, erstellte der PSV ein neues Gutachten und meldete am 17. Oktober 2022 weitere 24.283,00 € zur Tabelle an.
- Der Insolvenzverwalter bestritt diesen Nachmeldungsbetrag und erhob die Einrede der Verjährung.
- Der PSV klagte auf Feststellung dieses weiteren Betrags zur Insolvenztabelle.
- Der Beklagte meinte, es gelte die dreijährige Regelverjährung (wiederkehrende Leistungen), nicht die lange Frist.
- Das Arbeitsgericht und Landesarbeitsgericht gaben dem PSV Recht.
- Mit der Revision verfolgte der Beklagte die Klageabweisung weiter.

Aus den Entscheidungsgründen:

8 **„Die Revision des Beklagten ist unbegründet. Die Vorinstanzen haben der Klage zu Recht stattgegeben. Die Klage ist zulässig und begründet. Der Kläger kann die Feststellung der weiteren Forderung iHv. 24.283,00 Euro zur Insolvenztabelle im Insolvenzverfahren über das Vermögen der Schuldnerin verlangen.**

9 **I. Die Klage ist zulässig.**

10 **1. Die Vorinstanzen haben zu Recht angenommen, dass die besonderen Sachurteilsvoraussetzungen einer ordnungsgemäßen Forderungsanmeldung seitens des Klägers sowie einer Prüfung durch den Beklagten gemäß § 181 InsO in Bezug auf den noch streitigen Betrag iHv. 24.283,00 Euro vorliegen *(vgl. zu dieser Anforderung BGH 11. April 2019 – IX ZR 79/18 – Rn. 15; 22. Januar 2009 – IX ZR 3/08 – Rn. 10; MüKoInsO/Schumacher 4. Aufl. InsO § 181 Rn. 3)*.**

11 2. Das erforderliche Feststellungsinteresse gemäß § 256 Abs. 1 ZPO ist gegeben. Es folgt aus § 189 InsO. Bestrittene Forderungen werden bei der Verteilung nur berücksichtigt, wenn der Gläubiger rechtzeitig nachweist, dass er die Feststellung betreibt *(§ 189 Abs. 1 und 3 InsO; vgl. BAG 22. September 2020 – 3 AZR 304/18 – Rn. 18, BAGE 172, 276; 20. September 2016 – 3 AZR 77/15 – Rn. 25; 27. März 2014 – 6 AZR 204/12 – Rn. 13, BAGE 147, 373)*.

12 II. Die Klage ist – wie die Vorinstanzen zu Recht erkannt haben – begründet. Die weitere Forderung iHv. 24.283,00 Euro ist gemäß § 179 Abs. 1 InsO iVm. § 45 Satz 1, § 46 Satz 1 und 2 InsO sowie § 9 Abs. 2 Satz 3 BetrAVG zur laufenden Nummer 33 der Insolvenztabelle festzustellen. Der Beklagte erhebt gegenüber der in der Sache unstreitigen Forderung ohne Erfolg die Einrede der Verjährung. Die vom Kläger geltend gemachte weitere Forderung iHv. 24.283,00 Euro unterliegt der 30-jährigen Verjährungsfrist des § 18a Satz 1 BetrAVG. Diese hat der Kläger unstreitig gewahrt.

13 1. Nach § 18a Satz 1 BetrAVG verjährt der Anspruch auf Leistungen aus der betrieblichen Altersversorgung in 30 Jahren. Davon ausgenommen sind nach Satz 2 der Bestimmung (allein) Ansprüche auf regelmäßig wiederkehrende Leistungen, die der regelmäßigen Verjährungsfrist nach den Vorschriften des Bürgerlichen Gesetzbuchs unterliegen. Bei den kapitalisierten Forderungen des Klägers handelt es sich um einen Anspruch auf Leistungen aus der betrieblichen Altersversorgung iSv. § 18a Satz 1 BetrAVG, die keine wiederkehrenden Leistungen iSd. § 18a Satz 2 BetrAVG darstellen. Das ergibt die Auslegung der Bestimmung.

14 a) Nach seinem Wortlaut und der Gesetzessystematik regelt § 18a BetrAVG abschließend die Verjährung von Ansprüchen auf Leistungen der betrieblichen Altersversorgung. Satz 1 bestimmt im Grundsatz für den „Anspruch auf Leistungen aus der betrieblichen Altersversorgung" eine 30-jährige Verjährungsfrist, ohne dabei nach verschiedenen Leistungsarten zu unterscheiden. § 18a Satz 2 BetrAVG nimmt davon lediglich regelmäßig wiederkehrende Leistungen der betrieblichen Altersversorgung aus und unterwirft diese der regelmäßigen Verjährungsfrist von drei Jahren. Nur wenn es sich ausnahmsweise um wiederkehrende Leistungen nach Satz 2 handelt, soll demnach für Ansprüche aus betrieblicher Altersversorgung die kürzere Verjährungsfrist gelten. Für eine umfassende Geltung von § 18a BetrAVG für sämtliche Ansprüche auf Leistungen aus betrieblicher Altersversorgung spricht die Stellung der Bestimmung mit der umfassenden Überschrift „Verjährung" im Sechsten Abschnitt des Gesetzes mit der auf das gesamte Gesetz und damit sämtliche von ihm erfassten Leistungen betrieblicher Altersversorgung bezogenen Überschrift „Geltungsbereich".

15 b) Der Wille des Gesetzgebers und die Entstehungsgeschichte der Norm bestätigen dieses Verständnis: Nachdem das Bundesarbeitsgericht sämtliche Formen von Ansprüchen auf Leistungen betrieblicher Altersversorgung der 30-jährigen – damals noch regelmäßigen – Verjährungsfrist und nur die wiederkehrenden Leistungen der kurzen Verjährungsfrist unterworfen hatte, wollte der Gesetzgeber diese Rechtsprechung – wie die Gesetzesbegründung zeigt *(BT-Drs. 14/7052 S. 213)* – fortbestehen lassen. Was vorher die Regel war, sollte für Ansprüche auf Leistungen betrieblicher Altersversorgung weiterhin die Regel bleiben, obwohl das allgemeine Verjährungsrecht zur kurzen Regelverjährung übergegangen war. Die Sonderregelung in § 18a Satz 1 BetrAVG sollte so dem besonderen Schutzzweck des Betriebsrentengesetzes als Arbeitnehmerschutzgesetz Rechnung tragen und dabei den sozialen Aspekt der zusätzlichen Altersvorsorge berücksichtigen *(BT-Drs. 14/7052 S. 213).* Nach der Auffassung des Gesetzgebers sollten demnach – bis auf die wiederkehrenden Leistungen – alle Leistungen betrieblicher Altersversorgung durch die lange Verjährung besonders vor einem Verlust geschützt sein.

16 Soweit in der Gesetzesbegründung auf die in der Rechtsprechung zur Verjährung von Ansprüchen aus betrieblicher Altersversorgung geprägte Unterscheidung zwischen dem „Rentenstammrecht" und Ansprüchen auf regelmäßig wiederkehrende Leistungen verwiesen wird *(BT-Drs. 14/7052 S. 213)*, ist damit keine vom Wortlaut des § 18a Satz 1 BetrAVG abweichende Beschränkung seiner Anwendbarkeit angesprochen. Die Rechtsprechung verwendete den Begriff des „Rentenstammrechts" allein zur Abgrenzung von wiederkehrenden Leistungen. Es handelt sich um keinen anerkannten Rechtsbegriff mit eigenständigem Begriffsinhalt.

17 2. Bei den gemäß § 9 Abs. 2 Satz 1 BetrAVG auf den Kläger übergegangenen Ansprüchen und Anwartschaften der Berechtigten handelt es sich um Ansprüche auf Leistungen betrieblicher Altersversorgung. Sie haben diesen Charakter durch den gesetzlichen Forderungsübergang nicht verloren. Infolge ihrer nach § 9 Abs. 2 Satz 3 BetrAVG und den Vorschriften der Insolvenzordnung vorzunehmenden Kapitalisierung handelt es sich nicht um wiederkehrende Leistungen iSd. § 18a Satz 2 BetrAVG.

18 a) Der Wortlaut des § 9 Abs. 2 Satz 1 BetrAVG zeigt, dass es sich bei den auf den Kläger übergegangenen Ansprüchen und Anwartschaften weiterhin um Ansprüche auf Leistungen aus betrieblicher Altersversorgung iSd. § 18a Satz 1 BetrAVG handelt, die als solche auch nach dem gesetzlichen Forderungsübergang erhalten bleiben. Ansprüche oder Anwartschaften des Berechtigten gegen den Arbeitgeber „auf Leistungen der betrieblichen Altersversorgung“, die den Anspruch gegen den Träger der Insolvenzsicherung begründen, gehen gemäß § 9 Abs. 2 Satz 1 BetrAVG im Falle eines Insolvenzverfahrens mit dessen Eröffnung über. Die mit der Eröffnung des Insolvenzverfahrens übergegangenen Anwartschaften werden zwar gemäß § 9 Abs. 2 Satz 3 BetrAVG im Insolvenzverfahren als unbedingte Forderungen nach § 45 InsO geltend gemacht, sie bleiben aber Ansprüche auf Leistungen aus betrieblicher Altersversorgung.

19 b) Die gemäß § 9 Abs. 2 Satz 1 BetrAVG übergehenden Forderungen behalten mit dem gesetzlichen Forderungsübergang nach §§ 412, 401 BGB ihren Charakter als Ansprüche auf Leistungen der betrieblichen Altersversorgung bei. Wie der Senat bereits entschieden hat, gehen die Ansprüche iRd. gesetzlichen Forderungsübergangs unverändert auf den Kläger über *(BAG 22. September 2020 – 3 AZR 304/18 – Rn. 27, BAGE 172, 276)*. Der Kläger macht keine anderen Forderungen geltend als die Versorgungsberechtigten, wenn es den gesetzlichen Insolvenzschutz nicht gäbe *(BAG 7. November 1989 – 3 AZR 48/88 – zu III 2 a der Gründe)*.

20 c) Das gilt auch für die gemäß §§ 41, 45 und 46 InsO kapitalisiert anzumeldenden und zuvor auf den Kläger übergegangenen Forderungen des Klägers, die nicht bereits von § 9 Abs. 2 Satz 3 BetrAVG erfasst sind. Auch diese sind und bleiben Leistungen der betrieblichen Altersversorgung. Denn nur dann gehen sie gemäß § 9 Abs. 2 Satz 1 BetrAVG auf den Kläger über.

21 d) Es handelt sich bei den auf den Kläger übergegangenen Ansprüchen nicht um wiederkehrende Leistungen iSd. § 18a Satz 2 BetrAVG, selbst wenn sie teilweise vor der Insolvenzeröffnung solche waren oder es ohne die Insolvenzeröffnung später wären *(ErfK/Steinmeyer 25. Aufl. BetrAVG § 18a Rn. 1; HWK/Schipp 11. Aufl. § 18a BetrAVG Rn. 1; aA Thüsing/Mantsch BB 2024, 1717, 1718)*.

22 aa) Im Zeitpunkt der Insolvenzeröffnung werden die Anwartschaften aufgrund von § 9 Abs. 2 Satz 3 BetrAVG iVm. § 45 InsO, die übrigen Forderungen der betrieblichen Altersversorgung aufgrund von §§ 41, 45, 46 InsO umgerechnet, um sie zur gleichmäßigen Gläubigerbefriedigung bezeichnen zu können. Diese kapitalisierende Umrechnung führt ab der Insolvenzeröffnung dazu, dass es sich nicht mehr um wiederkehrende Leistungen der betrieblichen Altersversorgung iSd. § 18a Satz 2 BetrAVG, sondern um einen kapitalisierten Gesamtbetrag handelt. Das gilt unabhängig von der Frage, ob für ihre Bewertung § 46 Satz 2 InsO maßgeblich ist *(vgl. hierzu BAG 18. Mai 2021 – 3 AZR 317/20 – Rn. 33 ff., BAGE 175, 60)*.

23 bb) Der Gesetzgeber hat sich bei der Schaffung des § 9 Abs. 2 Satz 3 BetrAVG bewusst für eine Gesamtkapitalisierung der auf den Kläger übergegangenen Anwartschaften und Ansprüche entschieden *(BT-Drs. 12/3803 S. 112).* Damit wollte er die bestehende Rechtsprechung des Senats kodifizieren und Rechtsunsicherheit beseitigen *(vgl. BT-Drs. 12/3803 S. 112).*

24 cc) Wie der Senat bereits zum alten, aber nach gesetzgeberischem Willen fortbestehenden Recht entschieden hat, greift für diese Forderung die längere Verjährungsfrist, die heute in § 18a Satz 1 BetrAVG geregelt ist *(BAG 7. November 1989 – 3 AZR 48/88 – zu III 2 a der Gründe).* Der Senat hat dies mit seiner Rechtsprechung zur Verjährung von Kapitalabfindungsansprüchen begründet *(BAG 7. November 1989 – 3 AZR 48/88 – zu III 2 a der Gründe).* Diese Rechtsprechung kannte der Gesetzgeber bei der Einführung des § 18a Satz 1 BetrAVG und hat sie bewusst in seinen Willen aufgenommen *(BT-Drs. 14/7052 S. 213).*

25 dd) Für den kapitalisierten Anspruch des Klägers passt auch nach Sinn und Zweck der Norm allein die längere Verjährungsfrist des § 18a Satz 1 BetrAVG *(aA Dahl/Michels NZI 2024, 399, 401).* Zwar ist der Kläger nicht unmittelbar mit den einzelnen Versorgungsberechtigten gleichzusetzen. Allerdings tritt er in die Verpflichtung der Schuldnerin ein und erhält dafür kraft gesetzlichen Forderungsübergangs die Rechtsstellung der Berechtigten. Der Kläger bedarf zudem ebenfalls eines ausreichenden Schutzes. Die Gesamtsumme aller Rechte lässt sich für ihn als Außenstehenden nicht ohne weitere Ermittlungen berechnen. Es bedarf oft aufwendiger Untersuchungen und komplexer Berechnungen für eine Vielzahl Beschäftigter. Der Verlust des Rechts als Ganzes nach der kurzen Regelverjährung würde nicht nur ihn, sondern auch die Versichertengemeinschaft treffen. Mit der Verjährung gingen nicht nur einzelne, in der Vergangenheit nicht gezahlte Rentenraten, sondern die Versorgung insgesamt auch für die Zukunft verloren.

26 ee) Gegen das Ergebnis lässt sich nicht mit Erfolg einwenden, die 30-jährige Verjährungsfrist führe zu einer Verzögerung des Insolvenzverfahrens. Das Insolvenzverfahren ist ein im Einzelnen geregeltes gerichtliches Verfahren, das zahlreiche Fristen für seine beschleunigte Durchführung vorsieht. Die Länge der Verjährungsfrist hat auf seine Dauer keinen Einfluss *(BAG 7. November 1989 – 3 AZR 48/88 – zu III 2 a der Gründe).*

27 3. Da nicht die dreijährige, sondern die 30-jährige Verjährungsfrist Anwendung findet, bedarf es keiner Entscheidung, ob hinsichtlich der nachgemeldeten Forderung bereits infolge der früheren, wenn auch noch nicht den nachgemeldeten Betrag umfassenden Anmeldungen beim Beklagten gemäß § 204 Abs. 1 Nr. 10 BGB eine Hemmung der Verjährung eingetreten ist.

28 III. Die Kostenentscheidung folgt aus § 97 Abs. 1 ZPO."